制造业转型升级：
理论、现实与路径

魏琪嘉　著

中国金融出版社

责任编辑：吕　楠
责任校对：孙　蕊
责任印制：丁淮宾

图书在版编目（CIP）数据

制造业转型升级：理论、现实与路径／魏琪嘉著 . —北京：中国金融出版社，2022.10
　ISBN 978 - 7 - 5220 - 1770 - 9

　Ⅰ.①制…　Ⅱ.①魏…　Ⅲ.①制造工业—产业结构升级—研究—中国
Ⅳ.①F426.4

　中国版本图书馆 CIP 数据核字（2022）第 183176 号

制造业转型升级：理论、现实与路径
ZHIZAOYE ZHUANXING SHENGJI：LILUN，XIANSHI YU LUJING

出版
发行　　中国金融出版社

社址　北京市丰台区益泽路 2 号
市场开发部　（010）66024766，63805472，63439533（传真）
网 上 书 店　www.cfph.cn
　　　　　　（010）66024766，63372837（传真）
读者服务部　（010）66070833，62568380
邮编　100071
经销　新华书店
印刷　北京九州迅驰传媒文化有限公司
尺寸　169 毫米×239 毫米
印张　8.5
字数　136 千
版次　2022 年 10 月第 1 版
印次　2022 年 10 月第 1 次印刷
定价　79.00 元
ISBN 978 - 7 - 5220 - 1770 - 9
如出现印装错误本社负责调换　联系电话（010）63263947

前言 / PREFACE

从马克思主义关于生产力和生产关系的理论看，制造业具备生产力和生产关系的双重属性。生产过程运用的各类技术属于生产力范畴，要素的排列组合则属于生产关系范畴。按照这条经典的理论脉络，制造业的转型升级是一个经济概念而不是技术概念，不仅仅是技术上的更新演进，同时也是各类要素经济关系的优化。

可以讲，无论在产业界还是学术界，制造业转型升级都是一个老生常谈的话题。但时至今日，制造业转型升级仍然是一个热门领域。特别是百年未有之变局背景下，制造业在稳定经济大盘、提高生产力水平方面的作用日益凸显。全球新一轮科技革命和产业变革已进入"加速期"，制造业领域在前沿技术、产业组织方式都发生着重要的变化，处于全球产业链供应链重要环节的中国制造业，只有积极应对，才能抓住新一轮科技革命和产业变革带来的历史机遇。从这个视角看，制造业具有"一业兴而百业旺"的重要作用，这也就不难理解为什么关于制造业转型升级的讨论会经久不衰。

本书重点围绕"为什么转""能不能转"和"如何转型"这一条主线，综合运用理论梳理、案例研究和数据分析等多种方法，从六个方面形成主要研究框架，即①转型升级的紧迫性分析；②转型升级面临的突出问题和有利条件；③国内外制造业转型升级的主要做法及其借鉴；④转型升级的技术分析；⑤转型升级的基本路径；⑥转型升级可优先的保障措施。

初步形成如下几点主要结论。

1. 我国传统的制造业增长模式和方式难以为继，加速推进制造业转型升级全面创新迫在眉睫。

基于国际视野，我国面临的产业技术竞争及其市场竞争日趋激烈，特别是发达国家通过总结反思虚拟经济过度发展诱发金融危机的后果，开始强化对高技术产业及其实体经济发展的引导和支持（如欧美实行再工业化、德国推行工业4.0、日本实施智能产业计划等战略），无论是对于推动本国技术变革并继续抢占制高点，还是通过拓展新兴市场特别是寻求更低要素成本国家和地区替代中国制造，都对我国制造业可持续发展带来巨大压力。若不能迅速实现转型升级而错失这一次技术进步及产业变革的机遇，则中国制造将可能继续在国际竞争中处于劣势，并且最终影响我国的工业现代化进程。

从国内现实情况看，继续依靠政府投资支撑、出口退税支持和人为压低要素成本参与国际市场竞争的"中国工厂"导向型传统增长模式已经难以为继。一方面，近年来，我国制造业发展已经明显受到土地和人工以及水电气等成本刚性合理上涨、生态保护和污染治理成本加快内部化等影响，企业利润空间以及出口议价能力被快速挤压而失去传统市场订单（通过整理周边国家工业用水、用电、用地价格后发现，中国制造业的低成本优势已经被明显赶超）。另一方面，过去常用的一般性支持政策，客观地讲，政策的边际效应是递减的。现在需要做的是将各类政策有效进行集成，进一步提升政策系统化程度，以有效应对外部不确定环境带来的冲击。

2. 转型升级既具有客观有利条件，也面临严峻挑战，需要因势利导，趋利避害。

从有利条件看，我国制造业体量大、门类齐全，部分行业已经出现国际竞争力较强的"领头羊"企业；企业研发投入力度不断加大，新技术供给具有一定后备资源；储蓄率高企，资本供给潜力大，高技能人才总量较大；国内市场需求回旋余地较大，拓展国际市场特别是"一带一路"国家和地区产能合作具有较大空间；国家战略更加清晰，配套政策日益完善。

影响和制约制造业转型升级的不利条件主要包括：一是制度创新因素，即现体制机制仍然不适应市场变化和经济规律，国有企业历史包袱重、机制僵化和缺乏动力及活力，民营企业缺乏资金、技术和人才以及面临融资难、融资贵等问题，政府"越位"和"错位"的地方都还不少，市场配置资源的决定性作用有待进一步发挥。二是时间紧张因素，当前稳增长、惠民生压力与转型升级需要时间来调结构、促改革之间的关系难以简单地理顺和统筹协调，如何解决好两者之间的"时间差"将是影响各级政府转型升级决心和力度的重要因素，特别是因转型升级必然伴随淘汰落后、就业人员再安置、财政收入减少、增长速度放缓等严峻问题，若处理不好就会激化社会矛盾，带来大量失业。三是后疫情时代统筹平衡疫情防控和制造业生产，保障产业链供应链循环畅通方面还需要大量细致的工作，有的甚至涉及管理流程再造。

3. 发达国家也经历过制造业转型升级的痛苦过程，但在总体上取得了许多成功经验，值得我们借鉴且具备可行性。

例如，美国、德国一直引领产业结构调整和技术升级的方向，并依靠强大的技术、资金、人才优势加以实质性推动；日本、韩国通过组建大型企业集团和推进产学研一体化，制定和实施主要基于市场经济规律的产业政策，提高创新效率，降低创新风险。特别是发达国家充分利用其强项实现工业现代化和技术领先的市场竞争力，在全球进行资源优化配置。

4. 资本密集型的传统重化工产业仍然是结构调整、转型升级的主战场。转型升级的关键就是突破关键技术改造传统重化工产业，最终目的是提高行业效益和劳动生产率。

通过对劳动生产率测算以及主导产业选择指标的分析发现，我国制造业转型升级不是另起炉灶，也不是抛弃传统产业。对于重化工行业来说，由于六大高耗能行业产值占据工业半壁江山，具有较高的劳动生产率，技术基础良好，人力资源相对密集，是国民经济的优势所在，同时也是保障我国转型升级取得最终成功的产业基础之所在。对于轻工业来说，纺织、家电等劳动密集型产业劳动生产率虽然已经低于工业平均劳动生产率，并且其绝对成本优势已经失去。但是，其相对成本优势仍然存在，国际国内市场需求仍然有较大空间。可以通过将重点放在提高行业生产率和资源效率上，如提高行业集中度，建立生态型资源整合平台，延伸并且密切上中下游产业链。也包括在某些行业推进"机器换人"。还包括运用新理念、新技术、新业态如"互联网+"来改造提升传统产业，不断提高产品的附加值。

5. 我国制造业转型升级的主要路径可以重点围绕淘汰落后、技术嫁接、创新创造（集成融合）、全面开放四个路径来进行总体设计，着力引导市场发挥决定性作用。

淘汰落后，目的是释放优势产能的活动空间；技术嫁接，目的是通过新技术提升优势产业综合效益；创新创造（集成融合），目的是推动新兴产业快速崛起，集成融合，目的是更好地打破部门分割、地区封锁、所有制限制、国际国内市场脱节；全面开放，目的是更好地利用国内、国外两个市场。

6. 政策设计理念及其内在的逻辑是：以问题为导向，以"发展目标"为参照，通过尽快优先解决若干重点问题逐步为实现"发展目标"打基础。

当前，既要避免各地制定的目标过于宏大不接地气，影响有效化解现实、紧迫、重大问题的信心和调动更多的积极性。同时又要避免不管特殊矛盾，"头痛医头、脚痛医脚"式的零敲细打，防范政策碎片化，在转型升级中迷失发展方向和奋斗目标。为此，本书基于对发展实践、数据的分析，兼顾问题导向和目标导向，从学术角度提出有关建议。同时也考虑到，政策建议系统性，使得政策建议更加具备可操作性。

目 录 / CONTENT

第一篇　制造业转型升级理论综述

制造业转型升级，并不是一个直接产生的概念，它伴随产业结构演进而产生，本章重点讨论产业结构及其演进的一般规律。这些理论从内涵、外延两个维度，从结构化分析的视角，对产业转型升级进行了详细阐述，其分析框架对于更好地理解制造业转型升级具有启示意义。

一、关于结构和产业的有关概念

概括起来讲，总量与结构是经济增长（经济发展）① 的两个方面，是不可分割的。首先，结构与总量是结合在一起的，有总量就有结构，不存在没有结构的总量。其次，经济发展是总量增加和结构演变（主要是指优化）的综合反映，总量增加会引起结构演变，结构优化也会带动总量增加。最后，经济发展是通过总量与结构之间的非均衡与均衡的互动关系来实现的。

经济结构的内涵。经济结构是指国民经济的构成，其也有广义和狭义之分。广义的国民经济结构是指包括生产力和生产关系各因素的整体经济结构，主要表现为国民经济各部门结构、各地区结构、各种所有制结构，以及社会再生产过程的各环节结构等。狭义的国民经济结构是指只包括生产力而不包括生产关系的经济结构，主要包括以产业结构为核心的部门结构和地区结构等。本书使用狭义的经济结构概念即主要是指产业结构。

产业的内涵②。一般认为，产业是由提供相近商品和服务、在相同或相关价值链上活动的企业共同构成的，它处在国民经济微观层次和宏观层次的中间层次，以不同的物质产品或服务产品的生产和经营，连接国民经济

---

① "经济增长"与"经济发展"是两个有差异的概念。尽管有经济学家主张可以相互替代使用，但更多的经济学家认为，一般而言"经济增长"大多指量的增加，而"经济发展"，除了指量的增加外，更多地关注结构的变化（主要是指优化）。

② "产业"和"工业"在英语中为同一词汇"industry"。但汉语中"产业"概念的外延要比"工业"概念广，产业在现实生活中可以被称为行业、部门、实业、工业、不动产等。《辞海》对产业的解释：是指私有的土地、房屋等财产和家产；指各种生产经营事业，特指工业。

与企业之间的经济活动。而由同一产业内所具有连续追加价值关系的活动构成的价值链可以被称为产业链。

三次产业理论。在西方学者中，对现代产业结构从理论上进行开拓性研究的是英国经济学家科林·克拉克和德国经济学家霍夫曼。当然，从其理论渊源来看，可以追溯到英国古典经济学的创始人——威廉·配第和法国重农学派代表弗朗斯瓦·魁奈。三次产业理论是根据配第指出的收益顺着农业、工业和商业依次提出的观点，由克拉克通过实证分析建立的一种产业划分理论与方法。该研究成果被称为"配第—克拉克定律"。其理论模型采用费希尔（1939）最先提出的三次产业分类，他研究的是人均国民收入增长与劳动力在三次产业间转移趋向的内在关联。在此之前，霍夫曼（1931）则对产业结构中工业结构的演变规律和发展的阶段性做了开拓性研究，提出了消费资料工业净产值与资本资料工业净产值之比在工业化进程中是持续下降的所谓"霍夫曼定律"。通常，第一产业主要包括农林水产业，第二产业主要包括制造业、建筑业，第三产业主要包括商业、交通运输业、金融业和服务业。工业作为狭义的产业即第二产业，是开采自然资源并对其进行加工和再加工而取得物质产品的生产部门。除产业所具有的一般特征外，工业一般有固定的生产场所和专用设备，它是经济社会发展的物质技术基础，是国民经济的主导部门，在经济发展中具有十分重要的地位。各个国家大多有自己的标准行业分类，我国统计上把工业划分为采掘业、制造业以及电力、煤气及水生产供应业 3 个大类、39 个具体的行业。三次产业中第一产业和第二产业都是物质生产部门，但工业与农业相比，在生产条件上工业生产不像农业那样主要依赖动植物资源、土地资源和气候资源，而更多需要利用的是矿产资源、各类能源等；从生产对象和结果上看，工业生产不仅生产制造人类所需的生活资料，还生产各类生产资料，包括农业生产所需的生产资料。

新兴产业的内涵。需要指出的是，各国对三次产业的划分并不完全一致，而且新产业陆续出现，三次产业的范围是动态变化的。例如，自 20 世纪 70 年代以来，以信息技术为代表等高新技术发展迅速，已经影响到全球经济，有些高新技术已经发展成为新的产业，但难以包括在传统的三次产业之内，因而有学者提出了第四产业的概念。而且，随着现代科技的进步，三次产业的界限也变得模糊。例如，现代农业的发展就是如此，农业产业化项目往往就是第一产业与第二产业的有机结合。我们不能把新兴产业看成三次产业的补充，新兴产业是经济社会科技发展的结果，尤其是发达国家新兴产业发展速度快，是经济的新的增长点。因此，工业发达国家产业结构的变动规律对中国产业结构的演进只能具有总体方向上的指导意义，中国的产业结构演进可以走中国特色的道路，而且要在国际竞争中占有一席之地，必须在新兴产业上下功夫。但不管怎么说，三次产业的划分是目前世界上公认的产业划分方法，并以此为标准建立国民经济核算体系，进一步建立了统一的产业分析框架。

产业结构的内涵。产业结构具有多方面的含义，在投入方面是指社会生产资源在各产业部门的分配比例（例如劳动力的部门构成），在产出方面是指各产业部门的生产能力、新创造的国民收入在各产业部门的分布比例（例如产值的部门构成）。

产业结构的演进。产业结构的演进包括两个方面的内容：一是产业结构的平衡和协调（静态），二是产业结构的高度化（动态）。此外，产业结构的演进还包括时间和空间两个方面，时间反映产业结构演进的纵向关系，空间反映产业结构演进的横向关系（主要是地区结构）。在本章中，主要研究产业结构演进的时间维度。

二、产业结构的衡量标准及其变动趋势

无论是克拉克还是霍夫曼，他们的最初研究，都开创了现代产业结构理论研究的先河，但理论模型过于简单和不够成熟。后来，西蒙·库兹涅茨和霍利斯·钱纳里进一步发展了有关的理论，不再用单一的指标来衡量产业结构的变动。例如，在产业结构的衡量水准方面提出了两方面的标准：一是总产值的部门构成，二是劳动力的部门构成。值得指出的是，由于产业本身内在的变动规律，学者们的研究带有明显的时代烙印。

（一）产值的部门构成及其变动趋势

产值的部门构成与工业化的阶段有着高度的相关性。在工业化初期，随着人均 GDP 的提高，第一产业在 GDP 中的比重呈明显下降趋势。而且，从长远的历史角度来考察，近代经济发展中农业产值的比重具有加速下降的趋势。但是，自 20 世纪 70 年代以来，农业部门产值下降的趋势开始减缓（见下面的库兹涅茨法则及其悖论）。

工业部门产值的变化更是与一个国家的工业化阶段有密切的关系。在工业化初期，人均国民收入水平的提高使工业产值的比重呈快速上升的趋势。而进一步对工业部门的内部构成加以分析，首先是可以看到制造业的上升速度最快。其次是建筑业在工业总产值中的比重迅速上升，这是由于城市化和工业资本形成对建筑业的要求。而且，工业化初期是满足工业发展本身需要的部门上升最快，当国民收入水平达到一定水平之后，工业产品对收入的反应弹性明显增强，此时为满足社会需要而提供最终产品的工业部门逐步居于主导地位。然而，在工业化的中后期，工业部门产值上升的趋势开始变缓，甚至出现下降的趋势（见下面的库兹涅茨法则及其悖论）。

服务业的发展也与人均收入水平的提高有着密切的关系。从各国长时期大范围的资料来看，第三产业份额与人均 GDP 之间有很强的正相关性。随着人均 GDP 水平的提高，第三产业的份额在不断上升。这首先是因为人均收入提高以后，社会对劳务的消费需求快速增长，其次是现代经济的增长要以服务行业中的两个主要部门的发展为条件，即商业和金融。

（二）劳动力的部门构成及其变动趋势

配第一克拉克定律指出，随着人均国民收入水平的提高，劳动力会从第一产业向第二产业转移，工业化基本完成之后，劳动力又会从第二产业向第三产业转移。总的发展趋势是：在第一产业中就业的人数占全部劳动者人数的比重逐步减少，而在第二产业和第三产业中就业的劳动者所占比重会逐渐上升。

总的来看，劳动力的部门构成与社会总产值的部门构成两者的变化是一致的，但是在时间和速度方面存在显著的差异。这一点主要表现在两个阶段上：第一，在工业化初期，农业部门占用的劳动力比重的下降速度远远慢于其提供的产值在总产值中所占比重下降的速度；第二，在工业化阶段之后，服务业中就业人数占全部劳动者的比例上升速度，要快于服务行业创造的产值在国民总产出中比例的提高速度。

（三）库兹涅茨法则及其悖论

库兹涅茨从国民收入和劳动力在产业部门之间的分布两个方面，对伴随经济增长的产业结构演进规律作了进一步的说明。他的结论是：农业部门的相对比重，无论在产值结构方面还是在劳动力结构方面，都处于不断下降之中；工业部门的产值相对比重和劳动力相对比重是趋向上升的，但其上升的速度不一致。与产值的相对比重相比，劳动力的相对比重显得基本稳定或相当缓慢。在工业和制造业内部，一些与现代技术密切相关的新兴产业部门增长最快（无论是产值的结构比重还是劳动力的结构比重都处于上升的阶段），而一些传统的产业部门，则在产值的结构比重和劳动力的结构比重方面都有所下降。在服务业方面，无论是产值的相对比重还是劳动力的相对比重都与工业部门一样，具有上升的趋向。但上升的速度与工业部门不一样，劳动力的相对比重要大于产值相对比重。

然而，20 世纪 70 年代，一些学者利用库兹涅茨的分析方法，对世界主要工业化国家的产业结构进行了实证研究，但实证研究的结果与库兹涅茨的结论并不相符：这些国家的第一产业，无论是劳动力还是国民收入的相对比重，自 70 年代以来下降的势头都有所减缓；第二产业的相对比重，在 70 年代以后都出现了下降的势头。工业，特别是传统的制造业在国民经济中的作用正在逐步下降；第三产业则显示出了强劲的上升趋势，其比重已占整个国民经济的一半以上，一个被称为"经济服务化"的时代已经来到。

从发达国家和发展中国家产业结构的演变来看，有以下几个方面的借鉴意义：一是产业结构的变化与现代化进程特别是与工业化进程关系密切。陈冬认为，经济结构变化过程的主要内容就是工业化进展。二是产业结构的变化以第二产业的发展为基础，不宜脱离第二产业的发展，盲目地发展第三产业。三是产业结构的变化反映各产业在 GDP 中的比重即相对量，与绝对量的变化方向并非都是同向的，比重的下降并不意味着绝对量也减少。相反，绝对量一般都在增长。

三、产业结构高度化的动因

总的来看，产业结构高度化是经济增长的结果，这就是库兹涅茨所认为的，按人口平均的高增长率会伴有生产结构的高度转换率。具体来说，主要有以下几个方面的因素：

（一）社会需求结构的变动

从需求方面看，人类经济活动的目的就是满足其不断增长的各种需求。因此，作为反映经济活动最终成果之一的产业结构，也就表现出为了不断地满足这些需求而进行演变。社会需求结构调节资源在不同产业部门间的配置，从而制约产业结构变动。一种产业能否发展起来，发展规模有多大，取决于社会是否有需求，需求的规模和潜力有多大。

社会需求结构可分为消费需求和投资需求两大类，它们对产业结构的推动作用各有特点。研究表明，在非计划经济（或市场经济）的发展中国家，消费需求结构变化对产业发展有举足轻重的影响。消费经济学指出，随着人均收入的提高，需求的重点将逐步从低层次向高层次转移，从生活必需品向高档消费品乃至奢侈品转移，从易耗消费品向耐用消费品转移。一般认为，需求结构有三个区别较为明显的阶段：第一个阶段是"生理性需求为主的阶段"，这一阶段的消费主要是解决人们的温饱问题；第二个阶段是"追求便利与机能的阶段"，人们的消费重点从温饱转向了非必需品，特别是耐用消费品；第三个阶段是"追求时尚与个性的阶段"。消费需求的三个阶段反映在产业结构的变化上，反映为农业、轻工业向基础工业、重加工工业再向高附加值工业、服务业的轨迹。

具体来说，从第一产业看，农业比重下跌是由食物需求收入弹性小和土地收益递减规律造成的。食物需求收入弹性小于 1 使农业无法分享国民收入增长的利益而实现同步增长；土地收益递减使同一地块的农业投资增到一定程度后因收益下降必趋减少。这就从供求上决定了第一产业在国民经济中比重的下跌。

从第二产业看，工业比重先升后跌趋势主要是由工业品的需求特征决定的。在经济发展的初级阶段，居民对工业消费品的需求满足程度低，随着收入水平的提高而迅速增长；在经济发展的高级阶段，这些需求的满足程度比较高，不再随收入水平的提高迅速增长，而呈现饱和、下降趋势。这造成了工业消费品的产值比重先升后降态势。就工业（提供的）生产资料而言，生产量的增大和新的生产领域的开拓使社会对工业生产资料的需求增长。与科技发展和生产升级换代相伴的生产资料"软化"，使生产资料科技含量增大、实物含量减少、物耗水平下降，生产发展更多靠科技投入而非实物投入，于是社会对工业生产资料的需求相对减少。这两个作用方向相反的因素的动态平衡造成了工业生产资料产值比重的先升后降趋势。消费品和生产资料供求演变的合力决定了第二产业在国民经济中比重的先升后降趋势。

从第三产业看，第三产业比重增长是在服务高需求收入弹性、收入水平提高、闲暇时间增多、生产信息化、社会化和专业化的条件下形成的服务需求上升律，与在第一、第二产业的高生产率，服务需求上升律形成并发生作用，利益机制对服务供求反应良好，实物生产领域的生产率迅速提高等经济条件下形成的服务供给上升律的共同作用下实现的。服务需求上升为服务供给上升提供了必要性；第三产业的相对利益大，为服务供给上升提供了动力；第一、第二产业的生产高效率，为服务供给上升提供了可能性。这三个经济条件同时具备，就使服务供给上升律的存在具有充分必要条件。服务供给上升律的作用，使第三产业的规模随服务需求上升而现实地扩大，使第三产业在国民经济中的比重趋于上升，第三产业比重增大规律发生作用，第三产业在国民经济中的比重随之提高。

投资可分为新增投资和重置投资。新增投资是导致不同产业部门相对位置发生变化的主要原因。新兴产业往往是靠大规模增加投资来形成生产能力的。重置投资能调整不同产业间的资产存量分布，并能推动各个产业的技术进步。

以上分析表明社会需求结构对产业结构有决定性影响。因此，推动产业结构高度化的重要途径是指导并优化需求结构。根据国际经验，在人均GDP 从 300 美元向 1000 美元增长的过程中，社会需求构成变化的速度将空前地加快。

(二) 技术进步

从供给方面看，生产要素（包括技术要素）是制约产业发展，从而也是影响产业结构转变的主要因素之一。这里主要讨论技术因素。

产业的发展离不开技术的进步，产业的生命周期以技术变化为背景，使产业变化与技术进步的方向趋于一致。事实上，技术进步推动经济发展的重要途径就是产业发展及其结构的不断更新改造。

首先，技术进步对经济发展的贡献表现为创立新的产业和产业部门。一般来说，新技术的开发引起新产品的开发，从而为新产业的形成和发展奠定基础。具体途径通常有两条：一条是原有产业和产业部门的分解，某些产品或原有生产过程的某一阶段，随着技术的变革而分离出来，形成新的产业和产业部门；另一条是新的产业部门的形成，这是由于新产品、新工艺、新材料、新能源、新技术的发明和利用，扩大了社会分工的范围，创造了生产活动的新领域，形成了原来没有的新的产业部门。

其次，技术进步在创立新的产业和部门的同时，也必然要求对原有的产业和产业部门进行改造，即用新的技术改造原有产业，改变生产过程和工艺流程，提高其技术水平，促进原有产品的更新换代和质量提高，甚至创造出全新的产品。与此同时，通过提高技术人员和劳动者的知识与技术水平，提高劳动生产率，改善经营管理，来提高产业的发展水平。例如，目前我国和世界各国正在进行的用以信息技术为代表的高新技术对传统产业进行改造就是明显的例子。

（三） 国际贸易与分工

在当今世界经济一体化的条件下，一个国家产业结构的变动不能不受到其他国家产业结构和国际分工的影响[1]。自 20 世纪 90 年代以来，经济全球化和区域一体化、集团化的浪潮势不可当，国际间产业结构变动的相互波及和互动关联日趋密切，特别是同区域内各国产业结构间的整合和资源配置重组的步伐加快。因此，对当代产业结构的研究，不少学者将国际间的产业关联这个因素考虑在内。

国际贸易和分工等国际活动促进了一国的产业结构的转换。如果将一个国家的产业结构作为开放系统考虑时，系统的对外交流即国际贸易就可看作系统环境对其的影响。例如，根据美国经济学家弗农提出的产品循环理论，发达国家与发展中国家之间基于国际贸易的产业结构转换过程和机理如下：发达国家率先开发某种新技术和新产品，并向本国市场的消费者提供商品。随着产品进入成熟期，本国市场渐趋饱和，厂商开始向发展中国家出口。当发展中国家也掌握了该产品的生产技术后，发达国家为了增加竞争力，降低生产成本，开始由产品出口转化为资本和技术出口，利用发展中国家廉价的劳动力，在发展中国家就地生产和销售。最后，就地生产的该产品也开始成熟，且生产成本大大低于发展中国家自己生产的同类产品，于是发展中国家放弃该产品的国内生产，反过来进口该产品以满足国内消费者的需求，自己则转向开发新的技术和产品。通过这样一轮又一轮不断的新产品研制和开发，就实现了产业结构的高级化进程。

---

① 日本经济学家赤松要、小岛清等提出了著名的"雁行形态论"或称为"雁行模式"。这个理论描述了后起国内部产业发展的次序和走向高度化的具体途径与过程，同时表述了东亚国家和地区依次相继起飞的客观过程。但是，"雁行模式"的形成是有条件的，当条件发生变化后，该模式也将转换。即这一模式可以说明过去，但不一定能说明未来；可以适用于东亚中小国家和地区，但不一定适用于发展中大国。

（四）产业自身变化

各种产业都在变化中发展，发展中变化，进而影响到产业结构。就产业自身而言，因为物质产品的生产是产业形成的基础，而各种产品都有生命周期（即从开发新产品开始，经过一个时期的发展达到成熟和标准化，然后逐步退出市场，形成一个循环期，称为产品的生命周期），产品的生命周期必然会反映到产业的发展上，形成产业的生命周期，使产业在发展中也出现形成、发展、成熟和衰退的规律性现象，这就是产业生命周期作用的过程。

总之，产业结构高度化的动因是多方面的。但库兹涅茨认为，人均收入的提高是产业结构高度化的物质基础。它能够解决产业发展的资金问题，而资金是经济活动在商品社会时期最显而易见的生产要素，任何产业的形成和发展，离开了资金的投入都是无法实现的。

四、产业结构调整和发展的战略

产业结构的调整和发展有两种战略：一种是各产业同步发展的平衡发展战略，另一种是各产业不同步发展的不平衡战略。

（一）平衡增长战略与不平衡增长战略

在西方发展经济学中，平衡增长战略倡导者是纳克斯。他认为，发展中国家之所以不能摆脱贫穷的原因在于其陷入了一个恶性循环的圈子。从供给的角度来看，低收入导致了低储蓄，而低储蓄引起了资本的短缺，资本的短缺又造成只能发展传统的劳动密集型产业，而这样的产业发展带来的只能是较低的收入。从需求的角度来看，低收入导致人们的购买力非常有限，而有限的购买力又使得投资引诱不足。因此，打破贫困恶性循环，消除市场瓶颈的道路，便是掀起在各个部门同时投资的浪潮，以平衡增长战略创造需求。

与平衡增长战略相联系的还有大推进理论，提出者是罗森斯坦—罗丹。其基本思想是：如果投资是一点点儿孤立分散地进行，它对经济增长难以产生有效的影响，只有投资达到一定的规模，采用大推进方式，在各个工业部门全面地进行大量投资，持续增长和全面发展的目标才能实现。平衡增长战略的实现有两个必要条件：一是要求有统领经济社会发展的综合性计划；二是要求国家具备大量的补充投资，使各个部门都能得到平衡发展的投资。但实践证明，在发展中国家这两个必要条件往往是难以满足的。

不平衡增长战略是由赫希曼、金德尔伯格、罗斯托等发展经济学家提出的。他们并不否认大规模投资对促进经济发展的重要性，但它考察的中心问题不是分散于各部门的"全面投资"，而是如何集中投资于某些部门，使投资得到最有效的利用。这是因为，发展中国家储蓄水平低，不具备全面增长的资本和其他资源，因而平衡增长是不可能的。投资只能有选择地在若干部门进行，其他部门通过这些部门投资带来的外部经济效应而逐步得到发展。如果考虑到产业结构高度化的进程，不平衡战略还是推动产业结构高度化的动因，因为产业结构的变化必须经过产业的不平衡发展过程，必须由超前发展的先导产业带动。不平衡增长战略得以成功实施依赖于以下两个条件：一是宏观经济决策者要在科学分析产业结构发展格局的基础上，正确地选择主导产业和重点发展部门；二是在市场机制充分作用的基础上，产业链上各个投资者能灵敏地对产业联系变动做出反应。特别是当某些产业部门超前发展时，其他产业部门的投资者能主动地、灵敏地做出反应。

需要指出的是，平衡战略与不平衡战略在设计产业发展规划时都是对的，它既具有时间性，也具有地区性。我们认为，平衡和不平衡之间总是在矛盾运动之中，并推动了世界经济的发展。就一个国家和地区而言，这两种战略都可以使用。在某个时期内，为了达到一定的经济发展目标，可以采取不平衡发展战略，集中资源发展某些产业；而总的发展目标应该是获得各产业发展的动态平衡。

（二）主导产业选择[①]

主导产业是在产业发展中居主导地位和发挥带动作用的主要产业，是产业发展和国民经济发展的领航产业。其主要特征是：一是重要性。主导产业在产业发展和国民经济发展中具有举足轻重的地位和作用，其比重要大，速度要快，影响要广，前后左右的联系要密切，竞争力要强，市场广

---

① 与主导产业有关的概念是先导产业和支柱产业。先导产业是近年来才形成的概念，有的也称战略产业，这一概念在一些发展中国家或地区及我国广泛流行。先导产业或战略产业是指对工业发展具有全局性影响的导航产业。支柱产业是第二次世界大战后出现的新概念，主要是在亚洲"四小龙"尤其是韩国和中国台湾地区的发展中得到检验的概念。一般来说，支柱产业是从主导产业中分化出来的分支产业，其主要特征是：一是支持性；二是类群性；三是层次性（见文献 [1]）。

阔，能起"火车头"作用。二是带动性。主导产业的基本特征是带动力大，能带动其他产业和国民经济发展的产业才能成为主导产业。三是单一性。主导产业一般是单一的，从各国的发展经验来看，在发展的不同阶段往往只有一个主导产业，而不是同时存在多个主导产业。四是阶段性。主导产业不是永恒不变的，而是随着科技和生产力的发展，发生阶段性变化。总之，在经济发展过程中，产业结构内各个产业的地位并不相同，在每个发展阶段上都有主导产业起带头作用，带动整个产业结构向高水准发展。例如，第二次世界大战后日本经济就是由先后交替的三个主导产业带动向前发展起来的，第一个是电力工业，第二个是石油、石化、钢铁等原材料工业，第三个是家用电器和汽车业。

一个新部门要成为主导产业部门必须与其他部门有着广泛而密切的联系，并能产生强烈的"联系效应"（即后向联系效应、旁侧效应和前向效应）。这三种效应不仅证实了经济增长过程中主导部门概念的重要性，而且为发展中国家对主导产业部门的选择提供了大体的选择标准。此外，在 20 世纪 50 年代中期，日本经济学家筱原三代平在规划日本产业结构时，在理论上提出了两条基准，即"收入弹性基准"（收入弹性高的部门应该首先成为主导部门的条件之一）和"生产率基准"（从供给方面考虑）。我国学者杨公朴（2005）认为，结合我国的情况，在选择主导产业时，可依据以下几个基准：① 需求弹性基准；② 技术进步基准；③ 产业关联基准；④ 增长后劲基准①。

五、推动产业结构调整的政策

自 20 世纪 70 年代以来，产业政策在许多国家已成为广为使用的经济术语。然而，直到目前，学术界对产业政策的概念并未达成共识，不同的学者对产业政策有不同的界定。尽管不同学者对产业政策的理解各不相同，但大致可分为广义的产业政策和狭义的产业政策。广义的产业政策是指政府有关产业的一切政策的总和；而狭义的产业政策是指政府有关产业发展，特别是推动产业结构演变的政策目标和政策措施的总和。本书中采

---

① 我国学者周振华则以"结构矛盾缓解来推进整个产业的发展"的战略方针为基本框架，在分析了发展中国家经济发展的共性后，提出了主导产业选择的三个基准：增长后劲基准、短缺替代弹性基准和瓶颈效应基准。

用狭义的产业政策的概念。

产业结构的转换和升级是全世界的普遍现象。任何产业在产业结构中，都存在形成、成长、成熟和衰退的生命周期，一些产业的繁荣和另一些产业的衰退都是不可避免的。那么，如何实现产业结构的转换和升级呢？大多数经济学家认为，市场是实现产业结构转换的最好方式，即依靠市场进行资源的优化配置，使得市场信号成为生产要素在不同产业的流动和再配置。这种观点大多被发达国家所接受和采用，最为明显的是美国，号称从未实施过产业结构政策。然而，广大的发展中国家希望通过制定产业政策实现追赶发达国家的目的，特别是一些新型工业化国家产业结构政策的成功经验更是刺激了这些发展中国家。于是，产业政策的作用仍被许多发展中国家所青睐。

在传统的计划经济体制下，产业结构变动的阶段性目标的确定及主导产业部门的选择，完全由政府主要是中央政府集中决策，并依靠行政手段实现。这一政策的理论依据可以说是不平衡增长战略。这一过程完全排斥市场机制，结果是国家在确定产业发展的阶段性目标和选择主导产业时，不能准确掌握市场上反映的收入弹性和生产率差别的信号，难免会产生决策的主观性及由此带来的目标选择的失误。此外，国家规定的价格不能使各行业得到平均利润（即使是今天这种情况仍然存在），不可避免地造成国民经济中短线更短、长线更长的情况，从而延缓产业结构高度化的进程。新中国成立后至改革开放前形成的产业结构可以说明这一点：由于没有市场机制的作用，资源的重点配置同时也意味着对非重点配置产业部门的忽视，从而带来非重点部门的发展滞后。表现为国民经济中农、轻、重及其他产业比例关系的严重失衡；各产业内部结构的矛盾难以克服，粮食和消费品供应匮乏，人民生活水平低下，经济发展动力下降，国民经济陷入严重的困境之中。

在市场经济条件下，国家对产业结构调节的方式将转向政策性调节，即产业政策的调节。产业政策就其内容可以分为产业结构政策和产业组织政策两方面。产业结构政策是指将现有的产业结构推向更高层次的产业结构的政策，如自觉规划一定时期产业结构高度化的目标，确定带动整个经济起飞的主导产业，确定需要扶持、扩大的新兴产业和瓶颈产业、需要限制和淘汰的长线产业与夕阳产业，并确定部门间的比例关系。产业组织政策是指政府为了获得理想的市场效果，所制定的干预和调整市场结构与市场行为的产业政策。产业组织政策的核心是通过协调竞争与规模经济的关系，既试图缓解垄断对市场经济运行造成的危害，又保持一定的规模经济水平，从而达到所谓的有效竞争的状态，目标是使产业组织形式达到较高的经济效益，配置在各个产业部门的资源得到最有效的利用。大多数发达国家的产业组织政策以反垄断政策为主。后起的发达国家如日本的产业组织政策则主要由产业组织合理化政策组成。

此外，从产业政策对经济发展的影响来看，产业政策主要有产业鼓励政策和产业限制政策。根据经济发展战略和发展规划，产业鼓励政策要指出不同时期鼓励发展的产业，引导企业尽量发展符合产业和经济发展趋势的产业。产业限制政策则要指出不利于国民经济发展的产业，并规定限制的程度。产业结构调整要根据产业鼓励政策和限制政策适时地进行发展和协调工作，使产业结构调整符合各个时期的产业政策。不仅如此，还要符合产业发展规划和国民经济发展规划的要求，只有符合产业发展规划和国民经济发展规划，产业结构调整才能有序地顺利进行。例如，目前我国高新技术发展滞后，国家出台了一系列政策鼓励高新技术产业发展，而由于一些传统产业对环境和资源的破坏，国家出台了一系列限制政策，就是例子。

六、本章小结

（一）在西方学者中，对产业进行划分最著名的是克拉克的三次产业理论。但值得指出的是，各国对三次产业的划分并不完全一致，而且新兴产业陆续出现（例如以信息技术为代表的高新技术产业和现代农业），三次产业的范围是动态变化的。因此，工业发达国家产业结构的变动规律对中国产业结构的演进只能具有总体方向上的指导意义，中国的产业结构演进可以走中国特色的道路，而且中国要在国际竞争中占有一席之地，必须在新兴产业上下功夫。

（二）经济学家在产业结构的衡量水准方面提出了两方面的标准：一是总产值的部门构成，二是劳动力的部门构成。由于产业本身内在的变动规律，学者们的研究带有明显的时代烙印。基本结论是：一是产业结构的变化与现代化进程特别是与工业化进程关系密切；二是产业结构的变化以第二产业的发展为基础，不宜脱离第二产业的发展，盲目地发展第三产业；

三是产业结构的变化反映各产业在 GDP 中的比重即相对量，与绝对量的变化方向并非都是同向的，比重的下降并不意味着绝对量也减少。相反，绝对量一般都在增长。

（三）产业结构高度化是经济增长的结果，具体来说主要有以下几个方面的因素：第一，社会需求结构的变动；第二，技术进步；第三，国际贸易与分工；第四，产业自身变化。发展经济学家在研究产业结构调整和发展的战略时提出各产业同步发展的平衡发展战略和各产业不同步发展的不平衡战略。这对发展中国家产业的演进提供了理论依据。然而，需要指出的是，平衡战略与不平衡战略在设计产业发展规划时都是对的，它既具有时间性，也具有地区性。对中国而言，从整体来看，作为一个大国，必须保持国民经济各产业部门的完整性，关系国计民生的重要领域，是要有我们的自给能力，总体上，从长远看必须采取平衡发展的战略，但在某个时期内，为了促进某些产业的发展，可以采取不平衡发展战略。

（四）自 20 世纪 70 年代以来，产业政策在许多国家已成为广为使用的经济术语。广义的产业政策是指政府有关产业的一切政策的总和；而狭义的产业政策是指政府有关产业发展，特别是推动产业结构演变的政策目标和政策措施的总和。在社会主义市场经济条件下，国家对产业结构调节的方式主要是产业政策的调节。产业政策就其内容可以分为产业结构政策和产业组织政策两方面。

第二篇　我国制造业转型升级背景分析

制造业是国家实力的象征和国家间竞争的主战场，综观世界经济大国和强国的崛起，都离不开强大的制造业。当今世界正处于大发展、大变革、大调整之中，各国围绕振兴制造业展开了激烈竞争，以智能化、生态化、服务化为标志的新的产业变革将制造业带入了一个新的发展阶段，我国制造业发展的国际环境日趋复杂，既面临"前有堵截、后有追兵"的双重压力，又面临着前沿技术竞争失败的风险，转型升级刻不容缓。国内经济发展进入新常态，正处于增长动力接续转换关键时期，制造业传统比较优势逐渐弱化，新的比较优势尚未形成，创新仍然不具备良好的市场环境，转型升级的任务紧迫而艰巨。

一、世界制造业发展呈现新趋势

历次产业变革的实践经验表明，技术突破引发产业变革，使产业发展呈现新趋势、新特征。自 2008 年国际金融危机以来，科学技术通过集成、融合、迭代突飞猛进，新一轮产业变革正在孕育兴起，作为产业变革重要载体的制造业也呈现出智能化、服务化、生态化的发展特征。各国都积极顺应变革潮流，积极布局谋划制造业强国战略，全球制造业竞争格局正在悄然发生变化。对中国来说，若不能迅速实现转型升级而错失这一次技术进步带来的机遇，制造业可能在新一轮国际竞争中处于劣势，并且最终影响我国的工业化进程。

（一）新一轮科技革命孕育兴起

国际金融危机以来，科技创新的动能不断积蓄，信息、新能源、生物、新材料等技术通过互联、集成、嫁接的方式在原有水平上不断取得突破，新技术替代旧技术、智能型技术替代劳动密集型技术趋势明显。在多样化融资模式以及开放式合作机制①的带动下，科学技术的应用程度加深，成果转化速度加快，很多新技术已经进入商业化应用阶段，对相关产业发展的带动作用不断加强②。

可以预见，未来很长一段时间是科技创新和产业变革不断孕育突破、产业发展格局持续深刻调整的特殊时期。这一趋势使发展中国家、发达国家同时处于重构创新链的起跑线上。发展中国家如果跟不上产业变革的潮流，就会沦为时代的平庸，如果错过了这次科技革命，就将在下一轮的国际竞争中处于劣势地位。新一轮科技革命和产业变革与我国加快制造业转型升级形成历史性交汇，为我们实施创新驱动发展战略提供了难得的重大机遇。中国制造业的转型升级，是在技术领域持续"爬坡迈坎"的过程，只有抓住机遇在这场不折不扣的"技术竞争"中取得优势，才能规避"路径依赖"和"低端锁定"的风险。

(二) 新"三化"引领发展潮流

一是制造业智能化浪潮汹涌。随着移动互联网、物联网平台型、基础性作用的增强，以及机器人、3D 打印等先进制造业技术的加快发展，产业发展向智能化转型。无论是德国的"工业 4.0"，还是美国的《先进制造业复兴计划》，都把精密传感、高性能计算等智能化技术的应用和推广作为一项重要的任务。

二是制造业服务化趋势明显。随着制造业和生产性服务业加快渗透融合，服务业价值链向制造业的渗透或延伸，制造业企业加速从生产型制造向服务型制造转变，向研发、设计等产业上游扩展，推动产业价值链向高端延伸。

三是制造业生态化大势所趋。以低消耗、低排放、低污染为特征的绿色低碳发展已成为产业发展的重要理念，引领着产业发展的方向。随着绿色制造、清洁生产、循环经济等生产方式加快普及，产业发展与生态环境和谐相处已经成为人类社会的必然选择。

这些特点是制造业发展的客观规律，不以人的意志为转移。发达国家

---

① 如：欧美国家的一些创客企业利用网上平台汇集工程人员，为机床技术改造升级提供解决方案，众包、众筹、众创已经形成联动的商业生态链。

② 如：石墨烯电池已经进入商业化应用阶段，可实现快速充电；量子通信技术与定位卫星民用化推广相结合，相关产业前景看好。

已经通过开展集智能化、生态化、服务化于一体的柔性制造提高生产效率、降低资源消耗量，从而弥补其在劳动力成本方面的劣势。在此背景下，中国制造业的转型升级，本质上已经变为发展模式的一次"自我革新"，只有顺应潮流，实现制造业的智能化、服务化和生态化，才能提高制造业的发展质量和效益。

（三）欧美再工业化加速推进

2008年国际金融危机后，发达国家大力推进以智能化制造为特征、以发展高技术新兴产业为重点的"再工业化"，力图通过这项系统工程，改变"发达国家控制研发、设计、销售环节，发展中国家进行加工制造"的传统产业分工格局，重塑发达国家制造业竞争优势，加强对技术制高点的控制能力，最终形成全价值链的产业竞争布局。

各国纷纷出台了推动新一轮产业变革、助推"再工业化"的战略举措。德国发布了《保障德国制造业的未来——关于实施工业4.0战略的建议》，将新一代互联网技术全面渗透到制造领域，构建智能生产网络。美国政府先后制定出台了《先进制造伙伴计划》《重振美国制造业政策框架》《制造业促进法案》《先进制造业国家战略规划》等，鼓励企业重点发展高性能计算，推广先进制造业集群网络和智能工厂生态系统。日本于2009年、2010年发布了《日本制造业竞争策略》和《日本制造业》两项专题报告，引导企业全面推动基础设施、环保产品、医疗服务、机器人和宇宙空间项目。

我们判断，本轮欧、美"再工业化"不是向传统制造业的简单回流，以高新技术为依托、发展高附加值制造业、重塑具有强大国际竞争力的新型工业体系才是其真正的战略意图。因此，中国制造业的转型升级，应该是一次从发展战略到发展理念的转型升级，只有更加注重实体经济发展、重视发展先进制造业，让企业找到转型升级的技术路线，摸索出新的竞争路径，才能实现制造业的跨越式发展。

（四）竞争模式变化趋势明显

第一，单纯依靠低成本获取竞争优势的模式将被颠覆。发展中国家制造业成本攀升已成不争的事实，制造业综合成本差距与欧美国家越来越小，依靠压缩成本、寄希望于低成本取胜的道路已经走不通了。最新的制造业成本指数（美国波士顿咨询公司计算体系和口径）显示，以美国为基准（100），中国的制造成本指数是 96①，印度尼西亚为 83，泰国为 91，印度为 87，即生产同样一件产品，在美国制造综合成本是 1 美元，在中国、印度尼西亚、泰国、印度则分别需要 0.96 美元、0.83 美元、0.91 美元、0.87 美元，发达国家与部分新兴经济体的制造业综合成本差距已经极大地缩小。第二，单纯依靠技术模仿获取竞争优势的路径将被封锁。当前，国与国制造业比拼的是发明速度、技术垄断程度、新业态涌现的频度。欧美通过率先进行技术集成、融合、嫁接，仍然掌控国际价值链高端；通过推行"新标准"，继续维持其在行业的技术垄断地位，削弱"技术溢出效应"；通过"高利润"开辟"新市场""新业态"，吸引不同技术、产品、营销主体和投资者集成在一起，形成纵横联动的商业生态链。在此背景下，新兴经济体承接产业转移和技术转移的难度加大，技术引进和模仿的空间逐渐缩小。

总之，在新形势下，传统要素的规模优势、发展中国家的成本优势受到削弱是大势所趋，各国围绕标准、技术、品牌等新型要素的竞争将更加激烈。发达国家凭借领先的数字化、网络化、智能化制造技术和先进的研发体系与销售网络，足以弥补劳动力要素价格偏高这块"短板"，推动原来向发展中国家转移的部分高端制造业回流到本国。国与国制造业的竞争更多拼的是技术，比的是创新，产业竞争将从规模扩张向提高质量效益转变、从成本优势向综合竞争优势转变。从这个角度看，中国制造业的转型升级，是生产要素的转型升级，只有培育和升级诸如创新机制、研发机构、高级人才、标准体系、知名品牌等高级生产要素，才能在新的历史条件下重塑制造业比较竞争优势。

二、国内制造业发展环境呈现新特征

在西方发达国家试图通过加快技术创新、积极布局智能化生产试图改变传统竞争模式的同时，我国制造业发展的"生态环境"也在发生着变化：继续依靠政府投资支撑、出口退税支持和人为压低要素成本参与国际市场竞争的"中国工厂"导向型传统增长模式已经难以为继。制造业面临逆水行舟、不进则退的局面，到了必须加快转型升级、提质增效的重要关口。

---

① 数据来源：波士顿《中国制造业竞争力报告 2014》。

（一）　政府刺激、外需支撑的边际效果正在递减

过去经济的潜在增长率比较高，传统刺激政策如财政补贴、优惠贷款、出口退税的使用，很快就能收到增长的成效，两次金融危机之前的政策实践也证明了这一点。但时过境迁，制造业的发展越来越依靠内生动能进行驱动，传统刺激手段、片面依赖外需的单一模式已经不具备生存空间。

其一，财政补贴、银行优惠贷款、出口退税等政府善用的刺激手段已经不可持续。刺激政策就像是一剂猛药，开始吃时，药效显著，长此以往，副作用就会显现。财政补贴、银行优惠贷款、出口退税严重影响了市场价格的信号指示作用，高补贴成为刺激产业规模扩大的必要条件，让具有落后产能的企业在市场上生存，成为"僵尸"企业，既增加了国家的负担，又浪费国家的财力，从而扭曲了资源配置。据罗德明等（2012）测算[①]，由于政府补贴等扭曲价格信号政策造成的企业效率损失影响企业全要素生产率约9个百分点。此外，很多出口企业的主要利润来自出口退税，背后反映的是企业的竞争力不足，缺乏转型升级的动力，在优惠政策庇护下通过出口低端产品也能维持生存。

其二，制造业外需低迷将成为"常态"。第一，2008年国际金融危机引发的全球经济衰退，对制造业制成品出口造成不利影响。从发达经济体2007年以来的经济表现看，经济增长低水平波动已成为常态。危机前（1999—2007年）发达经济体的GDP增速均值为2.6%，危机后（2008—2013年）该均值已经降至0.51%。经济衰退又往往引发贸易保护主义。保护的手段已由传统的关税壁垒向非关税壁垒转变，手法更趋隐蔽、工具更趋多样。据统计，2010年至2020年，全球对中国发起759起反倾销调查，159起反补贴调查和202起保障措施调查。其中，美国向中国发起87起反倾销调查，81起反补贴调查和3起保障措施调查。第二，其他发展中经济体如印度、越南、印度尼西亚等凭借要素价格的比较优势正在产业链的中低端与我国开展激烈竞争，传统出口优势面临来自新兴市场国家的竞争压力。制造业资本"东南飞"的迹象已经开始显现，我国抢占国际市场空间的难度增加。以上因素综合反映在中国外贸出口方面，出口金额及增速自2010年以来出现"断崖"式下降（见图2-1）。第三，TPP谈判已经取得实质性进展，投资自由化、知识产权保护、劳工标准、环境保护、平

---

① 罗德明，李晔，史晋川. 要素市场扭曲、资源错置与生产率［J］. 经济研究，2012（3）.

等竞争、资本账户放开、放松管制等方面提出了更高的标准。协议一旦执行，将有近两万宗产品能够实行零关税，对我国的采矿、化工等诸多产业出口将造成十分不利的影响。

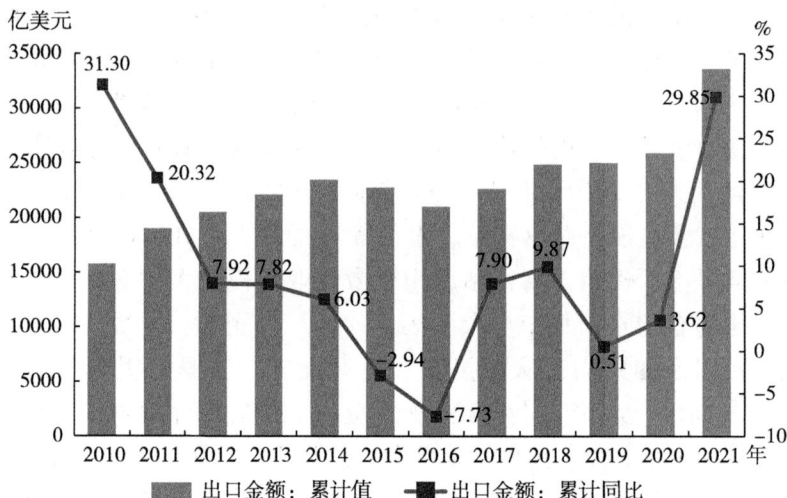

图 2-1 2010 年以来出口金额及增速情况

（数据来源：海关总署）

其三，人民币汇率升值步伐加快。2003 年以来，人民币升值步伐加快（见图 2-2）。随着综合国力上升，人民币必将成为强势货币。人民币升值削弱我国出口商品的国际竞争力，对我国出口企业特别是劳动密集型企业造成冲击。相关实证研究表明，人民币汇率变动会通过出口收益渠道和进口成本渠道影响就业水平，但不同企业由于进出口强度以及进出口地分布不同，汇率变动对其就业的影响存在巨大差异，劳动密集型企业、低生产率企业和私营企业受影响程度最为明显。

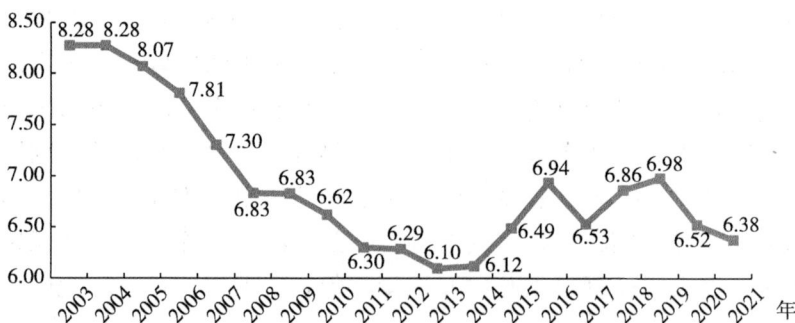

图 2-2 人民币对美元官方名义汇率（人民币/美元）

（数据来源：Wind，中国人民银行）

（二）要素投入、以量取胜的扩张路径受到制约

第一，劳动力无限供给的时代已经结束。近年来，劳动力供需形势发生深刻变化，"人口红利"将进入拐点期。一方面，随着我国人口总量增速放缓以及人口总量峰值的即将到来，我国适龄劳动人口规模呈下降趋势。自 2011 年开始，我国劳动年龄人口（16~59 岁）不断减少，2012 年减少了345 万人，2013 年再减少 244 万人，"十三五"期间我国劳动年龄人口总量将延续下降势头[①]。另一方面，我国劳动时间总体上也呈减少态势。随着经济社会发展水平的提高，人们对闲暇的需求也将稳步提升，从而导致我国就业人员劳动时间趋于减少。全民教育层次提高将降低劳动时间。我国就业人员平均受教育水平还在不断上升，这也将在一定程度上降低平均劳动强度。

第二，劳动力成本优势已成往事。人力资本价格要素偏低一直以来是中国的优势所在。受劳动力需求大幅增加、最低工资标准制度实施以及青年劳动力供给减少等因素综合影响，长期以来支撑我国制造业快速发展的劳动力低成本优势不断削弱。2005 年以前，中国与印度尼西亚、菲律宾、泰国等国家的工资成本相当，但是 2005 年以后，我国的工资成本优势不断丧失。从绝对数量看，2010 年到 2019 年近十年间，月均工资已由 450 美元上升至 1092 美元。从增长速度看，2010 年以来的年平均增速达 10.35%，远高于东南亚各国。根据国家统计局数据，2020 年，我国制造业的平均工资是 82783 元，而从 2009 年至 2020年，制造业人均工资上涨 2.1 倍，年均复合增长率为 10.79%（见表 2-1）。

表 2-1　中国与亚洲周边国家月均工资对比　　　　　　　单位：美元

年份	2010	2011	2012	2013	2014	2015	2016	2017	2018	2019
中国	450	539	556	623	765	830	847	916	1039	1092
印度尼西亚	155	174	168	183	165	155	192	205	199	206
马来西亚	520	580	609	639	848	755	750	767	891	893
泰国	292	339	360	399	408	394	389	435	463	490
菲律宾	225	236	248	260	216	214	217	212	217	NA
越南	135	151	180	215	212	215	227	240	255	291

数据来源：根据国际劳工组织《全球工资报告》整理计算，为便于比较，按照当年各国货币对美元平均汇率为标准，统一折算成美元。NA 代表数据缺失。

---

① 联合国人口预测显示，年均降幅为 0.2%。社科院估计"十三五"期间劳动年龄人口年均降幅为 0.3%。

第三，土地等其他要素成本水涨船高。工业用水、用电、用地等成本也是影响一国制造业比较优势的重要因素。经过 30 多年的高速发展，土地等要素供给日趋紧张，价格自然水涨船高。通过比对中国、亚洲"四小虎"（印度尼西亚、马来西亚、泰国、菲律宾）以及越南的地、水、电等其他要素成本，中国在地、水、电等方面的价格优势正在进一步丧失。以 2013 年价格为例，中国工业用地均价为 116 美元/平方米，显著高于菲律宾、泰国；工业用水均价 0.52 美元/立方米，与其他国家相比已不再具有优势；工业用电价格 0.065~0.159 美元/千瓦时，明显高于其他国家（见表 2-2）。

表 2-2　2013 年各国工业用地、用水、用电价格

国家	工业用地均价 （美元/平方米）	工业用水均价 （美元/立方米）	工业用电均价 （美元/千瓦时）
中国	116	0.52	0.065-0.159
印度尼西亚	177	0.34-0.52	0.028-0.032
马来西亚	5.2-182	0.5-0.55	0.034-0.107
泰国	91.2-162	0.63-0.75	0.125
菲律宾	NA	1.55-1.64	0.171
越南	78.3	0.08-0.79	0.043-0.12

数据来源：根据商务部《对外投资合作国别指南》数据整理计算，为便于比较，按照 2013 年各国货币对美元平均汇率为标准，统一折算成美元。NA 代表数据缺失。

第四，资本产出效率趋于下降。制造业、房地产和基础设施三大领域的投资已全面减速。我国过去经济高速增长得益于高投资回报率，信贷资金及各类社会资本进入制造业的积极性很高。随着要素价格逐步理顺以及资源环境成本加大，不合理的投资收益被"挤出"，工业对社会资本的吸引力下降。我们用工业增加值/工业投资增量衡量工业资本产出效率，即单位资本投入带动的工业增加值。该指标越大，说明工业资本产出效率越高，反之则越低。计算结果表明，从 2010 年以后，资本产出效率开始呈现下降趋势。2014 年仅为 0.47，处于近年来较低水平（如图 2-3 所示）[①]。不断降低的资本边际产出警示我们，中国已经、至少即将陷入资本的低效率困境，继续通过强力投资来提高经济增速已经没有空间。

---

① 工业增加值数据来源于《工业统计年鉴》，投资增量数据根据《中国统计年鉴》计算而得。

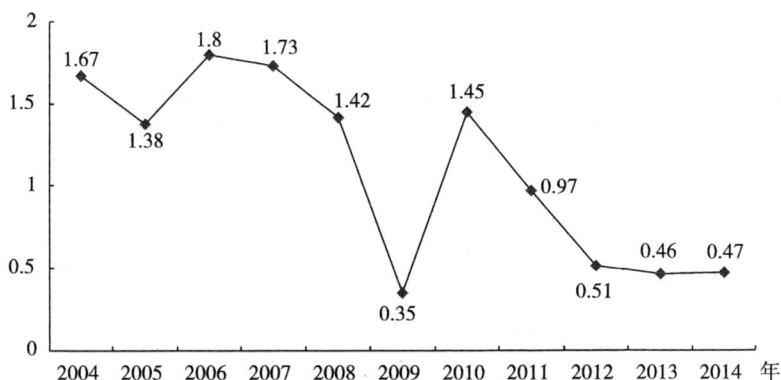

图 2-3　我国工业资本产出效率变化情况

（数据来源：根据《中国统计年鉴》《工业统计年鉴》数据计算）

　　第五，技术要素的简单复制、引进模仿空间缩小。一方面，在我国制造业技术水平日益提高、与发达国家差距逐步缩小的背景下，跨国公司对技术防范和封锁明显加强，我国企业通过引进技术来提高竞争力的难度不断加大。另一方面，随着我国越来越接近科技前沿，技术学习效率边际递减趋势开始显现，技术进步速度放缓。发达国家的技术扩散效应、发展中国家的技术学习效应同时出现递减，这种递减的趋势将是长期的，因此，提高自主创新能力只能靠自己。但从我国实际情况来看，自主创新的环境亟须完善。德勤发布的《2013 年全球制造业竞争力报告》显示，中国在人才驱动创新、法律法规体系等创新环境方面与世界发达国家差距较大，创新特别是技术创新短期内不能一蹴而就（见表 2-3）。

表 2-3　2013 年国家制造业竞争驱动力对比

指标	德国	美国	日本	中国	巴西	印度
人力驱动的创新	9.5	8.9	8.1	5.9	4.3	5.8
经贸、金融与税务体系	7.1	6.8	6.2	5.9	4.8	4.0
供应商网络	9.0	8.6	8.0	8.3	5.0	4.8
法律法规体系	9.1	8.5	7.9	3.1	3.8	2.8
基础设施建设	9.8	9.2	9.1	6.5	4.2	1.8
医疗保障体系	9.3	7.1	8.6	2.2	3.3	1.0

　　数据来源：德勤《2013 年全球制造业竞争力报告》。各项指标的满分为 10 分，分数越高代表该项目越有竞争力。

（三）高耗能、高污染的"双高"模式难以持续

首先，通过大量消耗能源发展制造业已经没有回旋余地。国家统计局数据显示，2021年中国能源消费总量52.4亿吨标准煤，比上年增长5.2%。根据《BP世界能源统计年鉴》2022年版，中国能源消费量为157.65艾焦（EJ），同比增长7.1%，占全球能源总消费量的26.5%，排名世界第一。原油、煤炭等消费量的绝对规模都持续上升。目前，我国已是二氧化碳第一排放大国[①]，二氧化碳排放量无论在增速、总量还是人均排放方面都远远高于世界平均水平（见表2-4）。最新数据显示，中国10年（2010—2019年）二氧化碳排放年均增速为3.3%，高于世界平均水平1.7个百分点，同期巴西、印度、俄罗斯等发展中大国的碳排放年平均增速仅分别为2.2%、4.6%和1.0%。我国承诺到2020年单位GDP二氧化碳排放比2005年下降40%~45%的约束下，我国目前能耗水平已经接近峰值，未来我国单位GDP的环境要素使用量将继续减少（见表2-5）。

表2-4　二氧化碳排放国别比较

国家和地区	CO_2排放年均增长（%）	CO_2排放总量（百万吨）		人均CO_2排放量（吨）	
	2010—2019年	2010年	2019年	2010年	2019年
世界	1.6	29267.4	34344.0	4.3	4.5
中国	3.3	7719.1	10707.2	5.8	7.6
美国	-0.7	5156.4	4817.7	16.8	14.7
德国	-1.1	734.8	657.4	9.0	7.9
日本	-0.2	1101.0	1081.6	8.6	8.5
泰国	1.9	220.3	267.1	3.3	3.8
菲律宾	6.7	76.3	145.4	0.8	1.3
马来西亚	3.4	181.9	253.3	6.6	7.9
印度尼西亚	4.6	0.4	0.6	1.6	2.3
越南	9.8	132.3	336.5	1.5	3.5
巴西	2.2	350.0	434.3	1.8	2.1
印度	4.6	1564.9	2456.3	1.3	1.8
俄罗斯	1.0	1546.7	1703.6	10.8	11.8

数据来源：世界银行WDI数据库。

---

①　二氧化碳排放量往往被视为环境产品投入的具体量化指标，即二氧化碳排放的急剧增长表明环境要素被生产过程大量使用和消耗。

表 2-5　2016—2021 年我国能源消费指标

指标	2016 年	2017 年	2018 年	2019 年	2020 年	2021 年
能源消费总量（亿吨标煤）	44.15	45.58	47.19	48.75	49.83	52.40
能源消费增速（%）	1.70	3.25	3.53	3.30	2.22	5.15
能源消费弹性系数	0.25	0.46	0.52	0.55	1	0.64
单位 GDP 能耗（吨标煤/万元）	0.63	0.61	0.59	0.57	0.57	0.56
单位 GDP 能耗下降幅度（%）	—	—	—	—	—	-11.65
煤炭消费占比（%）	62.20	60.60	59.00	57.70	56.90	56.00
石油消费占比（%）	18.70	18.90	18.90	19.00	18.80	18.50
天然气消费占比（%）	6.10	6.90	7.60	8.00	8.40	8.90
非化石能源消费占比（%）	13.00	13.60	14.50	15.30	15.90	16.60
二氧化碳排放（亿吨）	92.34	94.45	96.76	98.69	99.74	105.23
单位 GDP 碳排放（吨碳/万元）	1.25	1.20	1.15	1.11	1.10	0.96
单位 GDP 碳排放下降幅度（%）	—	—	—	—	—	-23.46

注：单位 GDP 碳排放下降幅度为五年下降幅度。

其次，填补"生态欠账"已经成为经济社会发展中不可回避的问题。长期以来"先污染，后治理"的错误倾向使得中国环保欠账已十分严重。根据环境科学院估算数据，中国目前因环境恶化导致的虚拟治理成本达5589.3 亿元，占 GDP 的比例约为 1.5%，而财政对环保的投入只有 0.6%左右，环境治理在资金上存在巨大缺口，大量"生态欠账"需要填补。当前，环保问题关系政府信誉，关系民心向背。"边发展、边治理"已经成为社会各界的共识，"重污染，轻治理"的发展方式已经没有出路。

最后，生态损害责任追究制度的约束作用强化。《生态文明体制改革总体方案》出台，领导干部自然资源资产离任审计、生态环境损害责任追究制度提上日程并开始落实，损害环境发展经济将付出更高的政治代价，从而有助于从根本上扭转地方官员的发展理念，解决从观念转变到实际行动的"最后一公里"问题。

（四）相互混杂、交织联动的发展风险日益加大

其一，金融风险。制造业的发展离不开金融市场，金融风险不及时规避将直接波及制造业实体。当前，金融风险主要集中在三大领域：①地方融资平台债务风险。信贷刺激后形成的地方融资平台负债规模不清，整体

风险虽然可控，但存在流动性风险。②影子银行风险。影子银行体系日益活跃，发展速度过快与监管滞后并存，传统金融机构的坏账通过影子银行转嫁到普通金融服务购买者身上。③产能过剩引发的信用违约风险。当前，以制造业为代表的实体经济已成为不良贷款的重灾区，钢铁、光伏、船舶等产能过剩行业成为不良贷款增长的高发行业。

其二，财政风险。一方面，财政收入增长明显放缓。受经济下行压力较大、房地产市场调整影响扩大以及结构性减税向纵深推进，2020年，我国一般公共预算收入同比下降3.9%，增速是1992年以来我国财政收入的最低水平。另一方面，在财政收入增速放缓的同时，考虑到支出结构、宏观调控、社会发展和促进改革等因素的影响，财政支出的增速仍将保持在较高的水平，收支矛盾进一步尖锐。在支出结构上，与制造业发展密切相关的教育、医疗、社保、文化、科技等支出仍需保持增长，具有明显的支出刚性。如果财政增收乏力现象进一步加剧，或将波及中央财政资金对制造业发展的投入力度。

其三，房地产风险。①楼市区域分化加剧。房地产市场调整可能成为首先暴露的风险点。一、二线城市房地产市场泡沫风险继续累积。三、四线城市房地产开发投资增长较快，房地产自住与投资需求不足，出现了严重过剩局面，部分城市价格出现连续下跌。②房地产风险的扩散效应。一旦房地产市场出现调整，波及传导效应会使相关行业的经营风险上升并形成共振反应，也会带来负财富效应，冲击企业与居民的资产负债表，经济会受到较大冲击，银行信贷质量问题也将暴露。③由于房地产行业与金融存在天然联系，房地产风险将迅速演变成金融风险，对实体经济将造成严重伤害。

其四，前沿领域技术竞争失败的风险。在上一轮的国际技术竞争中，我国的大多数产业没有占据世界产业技术的制高点，新一轮技术革命已悄然兴起，中国面临着前沿技术超越再度落后再次失败的风险。欧洲"石墨烯造电池"技术已经进入商业开发阶段，如果该技术大规模推广应用，我国攻关多年、苦心布局的充电电池生产技术和工艺几乎没有竞争力可言；为促进制造业智能化发展，美国已经具备设施完备、配套齐全的高性能计算实验室，实验室直接服务于智能制造系统，而我国目前智能工厂的建设没有迈出实质性步伐；欧美力推的再遗传基因工程所带来的新药、新的植物品种、新的种蓄改良等，又不知道会颠覆多少产业和企业。

其五，国际产能合作战略面临激烈竞争和冲击。制造业转型升级不是单纯将产能"转出国门"就能实现的。国际产能合作是一次前所未有的战略创新，但也面临云谲波诡的风险，是一项举世瞩目的系统工程，但也面临错综复杂的挑战。我们判断，主要有两大风险，一是部分国家的战略搅局。中国高铁在泰国、墨西哥等国家出现的反复，背后是美国、日本对中国产能输出的干扰和对抗，而且这一现象有逐渐明朗的态势。二是产能合作国家的战略疑虑可能拖延国际产能合作的进程。以俄罗斯和印度为例，俄罗斯、印度作为"一带一路"重要的节点国家，虽然已经意识到国际产能合作对推动本国经济发展的有益之处，但同时也存在诸多疑虑。俄罗斯担心中国的国际产能合作分化俄倡导的欧亚经济联盟，干扰"后苏联"空间经济一体化；从印度方面看，其战略疑虑主要是担心南亚地缘政治格局平衡被破坏。此外，标准互认、标准推广以及提高标准国际化水平尚需整合力量统筹进行，但目前没有明确的分工，不利于政策的落实。

三、"十四五"制造业增加值占 GDP 比重的测算

通过对 2004—2021 年制造业增加值占 GDP 比重的测算可以发现，近年来我国制造业增加值占 GDP 比重逐步下降，2021 年已下降至 27.44%，较高点回落 4.62 个百分点。同时，我们结合政策导向、发展趋势，利用 ARI-MA 模型测算出"十四五"时期我国制造业增加值占 GDP 比重的情况。

（一）2004 年以来制造业增加值占 GDP 比重呈现逐渐下降的走势

从收集的数据看，目前我国制造业增加值的统计数据没有不变价绝对量，但是现价绝对量数据是从 2004 年开始的，由于计算比重不需要考虑价格因素，因此我们利用现价数据计算我国制造业增加值及其占 GDP 比重，数据如表 2-6 所示。从总体趋势看，2004 年以来，制造业增加值占 GDP 比重呈现逐渐下降的走势，2004 年至 2021 年制造业增加值占 GDP 比重累计下降了 4.54 个百分点。2004—2014 年，制造业增加值占 GDP 比重超过 30%，最高值出现在 2006 年，为 32.45%；2015 年开始，制造业增加值占 GDP 比重进入 20% 时代，2015 年出现了 2004 年以来的最大单年跌幅，当年制造业增加值占 GDP 比重下降了 1.44 个百分点，此后，制造业增加值占比屡创新低，2020 年的历史最低点为 26.29%（见图 2-4）。

表 2-6　2004—2021 年制造业增加值及其占 GDP 比重

年份	GDP（亿元）	制造业增加值（亿元）	制造业增加值占 GDP 比重（%）
2004	161840.2	51748.5	31.98
2005	187318.9	60118.0	32.09
2006	219438.5	71212.9	32.45
2007	270092.3	87465.0	32.38
2008	319244.6	102539.5	32.12
2009	348517.7	110118.5	31.60
2010	412119.3	130282.5	31.61
2011	487940.2	156456.8	32.06
2012	538580.0	169806.6	31.53
2013	592963.2	181867.8	30.67
2014	643563.1	195620.3	30.40
2015	688858.2	199436.0	28.95
2016	746395.1	209508.9	28.07
2017	832035.9	233876.5	28.11
2018	919281.1	255937.2	27.84
2019	986515.2	264136.7	26.77
2020	1013567.0	266418.0	26.29
2021	1143669.7	313797.0	27.44

数据来源：GDP 和制造业增加值来源于万德数据库，制造业增加值占 GDP 比重根据前面数据计算。

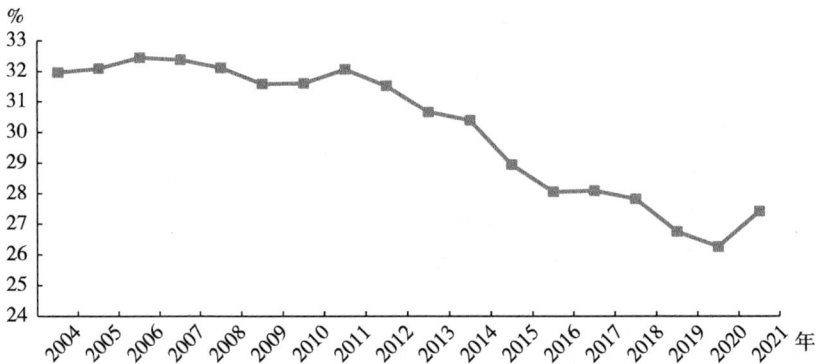

图 2-4　2004-2021 年制造业增加值占 GDP 比重

（二）"十四五"期间制造业增加值占 GDP 比重预测

单指标趋势预测最准确的模型即 ARIMA 模型，因此本次利用该模型预测"十四五"期间我国制造业增加值占 GDP 的比重。经过 ADF 检验，制造业增加值占 GDP 的比重为平稳序列，直接利用 0 阶 ARIMA 模型计算，结果如表 2-7 所示。2022 年，制造业增加值占 GDP 比重有所回升，提高了 1.61 个百分点，达到 29.05%，这是自 2004 年以来制造业增加值占 GDP 比重增加最快的一年。"十四五"期间，制造业增加值占 GDP 比重总体呈现回升态势，2021 年至 2024 年，占比逐年升高，2024 年达到"十四五"期间最高点 29.54%，2025 年制造业增加值占 GDP 比重小幅下降了 0.15 个百分点，回落至 29.39%，"十四五"期间制造业增加值占 GDP 比重平均值为 29.2%。

表 2-7　"十四五"期间制造业增加值占 GDP 比重预测

年份	制造业增加值占 GDP 比重（%）	占比的增量（个百分点）
2022	29.05	1.61
2023	29.32	0.27
2024	29.54	0.22
2025	29.39	−0.15

第三篇 转型升级的突出问题和有利条件

改革开放特别是"十二五"以来，我国制造业保持较快增长，结构调整取得积极成效，门类齐全并形成了一批特色优势产业，制造业在经济社会发展中的地位和作用日益突出，成为拉动经济增长的主要动力，具备了加快发展、转型升级的基础和有利条件。但也应清醒地看到，制造业整体处于全球价值链中低端，大而不强特征明显，制造业质量效益与转型升级要求差距大，持续增长的动力不足，配套的生产性服务业大发展的局面尚未形成，企业生产经营还有不少困难，不协调、不平衡、不可持续问题仍很突出，需要我们深入分析、妥善应对。

一、 转型升级面临的突出问题

必须承认，我国制造业与世界先进水平相比仍有较大差距。制造业大而不强，整体产品附加值偏低；自主创新能力弱，关键技术及零部件对外依存度高；高级技术工人短缺，"劣币驱逐良币"的市场环境亟须净化。推进制造业转型升级，要着力解决以上问题。

（一） 大而不强特征明显

改革开放以来，特别是加入 WTO 以后，中国以资本驱动和廉价劳动要素投入为主要特征融入全球价值链，并专注于劳动密集型、微利化、低技术含量的生产、加工、制造或组装。

中国制造业的大，一是体现为市场份额的"大"。十年来，我国商品出口占国际市场份额由 11% 提高至 15%，2021 年我国货物贸易进出口总额创历史新高，出口的国际市场份额达到 15.1%。从不同技术含量的制造业来看，不论是低端制造业还是中高端制造业，我国的国际市场占有率都在不断提升，且 2011 年我国四种类型制造业的国际市场占有率都位居全球前五（见表 3-1）。二是体现为贸易增加值的"快"。从贸易增加值的角度来看，1995—2011 年中国制造业贸易增加值实现了年均 16.3% 的增速，到 2011 年制造业贸易增加值总量位居全球之首。

但是"大"并不代表"快"。不快集中体现为高端、中低端制造业出口效率的"倒挂"：一是高端制造业出口效率低。我国高端制造业的出口效率相对较低，且远低于低端制造业和欧美等发达经济体的出口效率，数据测算显示，2011 年我国高技术制造业的出口增加值率仅为 674 美元，低于同期美国和日本 131 美元和 148 美元。二是低制造业出口效率高。数据测算显示，低技术制造业的出口增加值率为 851 美元，高于美国和德国 34 美元和 125 美元。这一高一低，说明与欧美等发达经济体的制造业相比，我国制造业的发展更为不均衡。

表 3-1　1995—2011 年我国不同制造业类型的国际市场占有率排名

年份	1995	1997	2002	2007	2011
低技术制造业	5	4	2	2	2
中低技术制造业	8	8	5	3	2
中高技术制造业	19	15	12	6	4
高技术制造业	8	7	5	1	1

（二）处于价值链中低端

处于价值链高端的经济体具备一个共同特征，即单位出口产品主要的"增值环节"（如"微笑曲线"两端的设计、研发，物流和销售环节）主要集中在国内，在国外的增值部分（如加工、组装、制造等劳动密集度相对较高的产业环节）占比较小。我国制造业产品增值分布规律恰好与这个特征相反：

从主要最终出口产品的附加值分布情况看，以苹果手机、国际知名奢侈品等生产为例，前端附加值较高环节如设计、研发、品牌营销、文化创意主要是被欧美国家所控制；末端附加值较低的环节如代工贴牌生产、零部件组装、配件生产则主要由中国完成。

从实际测算的数据结果看，以最终产品单位出口中所包含的国外增加值为观测指标，最终产品包含的国外增加值远高于发达经济体，1995—2011 年制造业出口最终产品包含的国外增加值比重分别为 68.8%、66.7%、

68.9%、64.1%和59.9%①。由于国外增加值主要是在研发、物流、设计、品牌营销等环节产生，想方设法把"增值"留在国内成为制造业脱离"低端锁定"的关键。

（三）生产性服务业滞后

生产性服务业涉及农业、工业等产业的多个环节，具有专业性强、创新活跃、产业融合度高和带动作用显著等特点，是全球产业竞争的战略制高点。由于生产性服务业高度发达，长期以来，发达国家依靠研发设计、品牌标准、市场营销等方面的优势，获取了超额利润，始终处于价值链的中高端。相比之下，我国生产性服务业发展严重滞后，难以支撑制造业转型升级。

一是生产性服务业比重偏低。尽管2004—2021年服务业内部结构有所改善，但传统服务业比重仍然较高（见表3-2）。2021年，交通运输仓储和邮政业、批发和零售业、住宿和餐饮业三大传统服务业增加值占整个服务业的比重为28.77%，而金融保险、商务服务、科技信息等生产性服务业比重明显偏低，金融业增加值占全部服务业的15.3%，信息传输、计算机服务和软件业占比还不到5%。美国在2012年整个生产性服务业增加值在服务业中占比就已经超过70%。

表3-2　2004—2021年我国服务业内部产业构成占比　　　　单位：%

年份	交通运输	批发和零售	住宿和餐饮	金融业	房地产业	其他
2004	14.2	19.0	5.6	10.0	10.9	40.2
2005	14.0	18.4	5.5	9.8	11.2	41.1
2006	13.5	18.3	5.3	11.0	11.5	40.3
2007	12.8	18.4	4.9	13.3	12.1	38.5
2008	12.2	19.5	4.9	13.6	11.0	38.8
2009	10.9	19.1	4.6	14.3	12.5	38.6
2010	10.5	20.1	4.3	14.4	13.2	37.6
2011	10.3	20.6	4.0	14.5	13.3	37.3
2012	9.9	20.7	4.0	14.6	13.0	37.8
2013	9.5	20.6	3.7	15.1	13.2	37.8

---

① 数据代表的时间点分别是1995年、1997年、2002年、2007年、2011年。

年份	交通运输	批发和零售	住宿和餐饮	金融业	房地产业	其他
2014	9.5	20.5	3.7	15.4	12.6	38.3
2015	8.7	19.4	3.5	16.1	12.2	38.5
2016	8.5	18.9	3.5	15.3	12.8	39.1
2017	8.5	18.5	3.4	14.8	13.0	39.6
2018	8.2	18.2	3.4	14.4	13.2	40.0
2019	7.9	17.9	3.3	14.2	13.2	42.3
2020	7.4	17.4	2.8	15.1	13.3	NA
2021	7.7	18.1	2.9	15.0	12.7	NA

数据来源：国家统计局，NA 代表数据缺失。

二是生产性服务业发展的配套条件不完善。生产性服务业的管制过多、市场化程度低的问题较为突出；非国有资本进入生产性服务业有不少障碍，严重制约了我国生产性服务业的有效供给；加工贸易主导的贸易结构割裂了制造业和生产性服务的产业关联，代工制造业发展不仅没有形成对生产性服务的有效需求，反而在要素获取方面与服务业形成竞争，进而制约了生产性服务的发展。

（四）产能过剩顽疾困扰

从产能过剩的程度看，"量大"与"面广"并存。IMF 估算中国的总体产能利用率为 60% 左右（见图 3-1），低于设备利用正常区间 79%~83% 的标准。官方最新发布数据显示，2021 年底，钢铁、水泥、电解铝、平板玻璃、船舶四个行业的产能利用率均明显低于国际平均水平。中国企业家调查系统组织实施的"2013 中国企业经营者问卷跟踪调查"显示，我国有 19 个制造业产能利用率都在 79% 以下，有 7 个产业产能利用率还在 70% 以下，只有 2 个接近 79%。

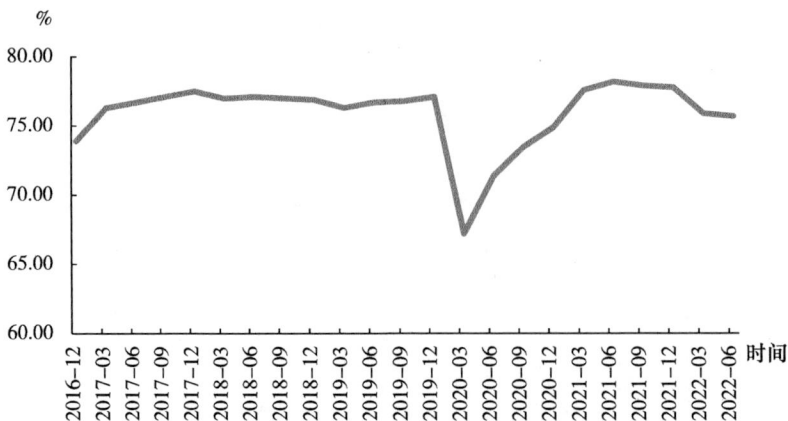

图 3-1　中国制造业产能利用率（累计值）走势

（资料来源：国家统计局）

　　从产能过剩的治理看，存在诸多"两难"。一是财政刚性支出与财政收入增速下降的矛盾。财政收入增速不及以往，如何灵活运用财政资金支持化解产能过剩工作的开展成为重要命题。二是银行执行国家政策与不良贷款增多的矛盾。化解产能过剩的一个手段是银行停止对产能过剩的相关企业进行贷款，目前很多过剩行业的在建项目，已投入的贷款相当可观，如果简单撤出，银行将面临坏账增加的风险。三是地方政府难以割舍过剩产能。由于钢铁、水泥、平板玻璃、船舶等重化工业产值大、附加值高，是地方政府以土地、财政等优惠政策招引来的大项目，对当地就业和税收带动作用强，在市县范围内是重点骨干企业，支撑了地方经济的发展。因此，对一些产能过剩企业，地方政府宁愿让其维持，不愿让其倒闭。

（五）技术创新能力不强

　　一是关键技术和知识产权依赖进口。中国仍是技术和知识产权的净进口国，关键核心技术对外依赖较大。2006—2021 年我国累计进口的专有权利使用费和特许费总计 3548.1 亿美元，出口额约仅为 452 亿美元，净进口额约为 3096.1 亿美元（见表 3-3）。

表 3-3　2006—2021 年我国累计进口的专有权利使用费和特许费收支情况

单位：亿美元

年份	出口	进口	逆差
2006	2	66.3	64.3

续表

年份	出口	进口	逆差
2007	3.4	81.9	78.5
2008	5.7	103.2	97.5
2009	4	110.8	106.8
2010	7.8	130	122.2
2011	7	147	140
2012	10.4	177.5	167.1
2013	8.9	210.3	201.4
2014	6.8	226.1	219.3
2015	11.0	220.0	209.0
2016	11.0	239.0	228.0
2017	48.0	287.0	239.0
2018	56.0	358.0	302.0
2019	66.0	344.0	278.0
2020	86.0	378.0	292.0
2021	118.0	469.0	351.0
总计	452	3548.1	3096.1

数据来源：根据历年《中国国际收支平衡表》整理计算。

二是基础部件制造能力滞后。高参数、高精度、高可靠性的关键核心部件无法完全自主生产；机器人和数控机床等底层装备的自动化信息化不够；集成电路芯片、高质量轴承、齿轮传动装置及核心传动部件自供能力不强；即便我们整机在技术质量上达到国际先进水平，但智能部分的组件很多仍然无法自己生产。基础核心部件自制能力的落后，导致大型装备的整机和系统集成能力的提升受到制约。

由于技术创新能力不足（见表3-4），制造业远未摆脱高投入、低产出的粗放发展模式，产业发展主要依靠增加人力、物力、财力等要素投入，过多注重数量扩张，能源原材料行业比重过高，资源环境代价过大。目前，制造业能源消费量占全国的近60%，二氧化碳、COD排放量大，是造成环境污染的主要来源。

表 3-4　2021 年全球技术创新指数排名情况

指数	中国	美国	日本	德国
总排名	12	3	13	10
制度	61	12	7	17
人力资本和研发	21	11	20	3
基础设施	24	23	9	21
市场成熟度	16	2	15	20
商务发展程度	13	2	10	12
知识产出	4	3	11	9
创造性产出	14	12	18	11

数据来源：世界知识产权委员会《2021 年全球创新指数报告》。

（六）内外市场环境不佳

从内部市场环境看，由于市场监管不到位和信用体系建设滞后，"劣币驱逐良币"的现象屡见不鲜，竞争秩序亟须规范，一些企业社会责任意识缺乏，安全生产、质量保障、劳动保障等观念淡薄；金融"避实就虚"倾向严重，支持产业发展的金融创新不足，缺乏结构性、差异性的信贷政策和多层次的直接融资方式，实体经济融资难、融资贵问题长期没有得到解决；国有企业历史包袱重、机制僵化和缺乏动力及活力，民营企业缺乏资金、技术和人才；公平竞争的市场环境不健全，市场信号传递和引导作用受到延缓，难以实现优胜劣汰。

从外部市场环境看，我国制造业面临国际贸易投资秩序重构的挑战。欧美国家加速推进 TPP（跨太平洋伙伴关系协议）、TTIP（跨大西洋贸易与投资伙伴协议），两者所涉及的非关税壁垒将成为制约我国制造业融入新的贸易、投资秩序的重大障碍；两者将成为亚太地区新的竞争性区域合作机制，对我国在全球制造业竞争体系中的比较成本优势形成冲击[1]。对我国制造业参与国际竞争的方式产生深刻影响，中国制造业面临投资秩序重构的挑战。

---

[1]　例如，中国的出口产品会由于 TPP 国家之间的关税免除而遭受变相的成本提高。此外，TPP "原产地规则"限制成员国使用来源于非 TPP 成员国的原材料以及中间产品，而中国有相当一部分出口产品为中间贸易，这就间接限制了中国对 TPP 出口。

（七）高级技术工人短缺

制造业转型升级需要大量高级技术工人，我国技术工人群体素质整体偏低，结构不合理，成为制约制造业转型升级的人才瓶颈。目前，国际劳工组织提供的发达国家技工队伍的高中低结构比例分别为35%、50%、15%（见表3-5），相关调查显示，日本产业工人队伍中，高级技工占比40%，德国达到50%。人社部数据显示，截至目前，我国技能劳动者超过2亿人，其中高技能人才超过5000万人，仅占技能人才总量的28%。这个数据与发达国家相比，仍然存在较大差距，高级技工公认的缺口已达2200万人。企业"有米而无巧妇"，缺乏高级技术工人，"技工荒"多年来一直困扰着许多企业。

比"技工荒"更为令人担忧的是，我国目前尚未形成学徒制的技术稳定传承体系，"工学一体"的高级技术工人培养机制不完善，致使一些工种的技术水平大为降低，部分绝招绝技濒临失传。

此外，受传统观念影响，"蓝领"的社会地位认可度相对较低，技工岗位缺乏吸引力。人社部的一项调查显示，问卷样本中只有1%的人不介意下一代当技术工人，绝大多数的家长希望子女读大学而非职校；选择当技术工人多是升学无望而无奈选择就业。当前最重要的是加快完善技术工人培养的配套条件，让有志于钻研技术的年轻人能够安心学习、传承技能，踏踏实实在生产一线做出"中国制造"好产品。

表3-5　中国与发达国家技术工人构成比例　　　　　　　单位：%

技术工人结构	初级技工	中级技工	高级技工
中国	72		28
发达国家	15	50	35

（八）地方政府压力较大

当前稳增长、惠民生压力与转型升级需要时间来调结构、促改革之间的关系难以简单地理顺和统筹协调，如何解决好两者之间的"时间差"将是影响各级政府转型升级决心和力度的重要因素，特别是因转型升级必然伴随淘汰落后、就业人员再安置、财政收入减少、增长速度放缓等严峻问题，若处理不好就会激化社会矛盾，带来大量失业。去产能、去库存因素，还需要度过一段艰难困苦的过程，这对许多地方政府而言都是一个不小的压力。

二、转型升级的基础条件持续改善

同时也要看到，经过多年的快速发展，制造业形成了门类齐全、独立完整的产业体系，部分行业已经出现国际竞争力较强的"领头羊"企业，新技术供给具有一定后备资源，为推进制造业转型升级奠定了坚实的基础。回旋余地较大市场空间、潜在的资本供给潜力以及国家战略更加清晰，配套政策日益完善都是制造业转型升级的有利条件。因此，制造业转型升级不是重新再来另起炉灶，而是一次在较高起点上"凤凰涅槃"的发展历程和尝试。

（一）体量大、门类齐全

制造业大国的地位已经奠定。从国内看，新中国成立 70 多年来，我国工业增加值占 GDP 的比重由 1952 年的 17.6% 提高到 2021 年的 39.4%，增长了 1.2 倍多，促进我国工业实现了由小到大的历史性转变。其中，制造业增加值目前占 GDP 比重（2021 年）约为 27.4%。从国际对比来看（见表 3-6），自 2010 年以来，我国制造业增加值已连续 11 年位居世界第一，2021 年占全球比重接近 30%。从产品产量看，在 500 种主要工业产品中，我国有 40% 以上产品的产量位居世界第一。

表 3-6　各国制造业占世界制造业的比重　　　　单位：%

年份 国家	2011	2012	2013	2014	2015	2016	2017	2018	2019	2020	2021
中国	20.5	22.3	23.9	25.1	26.0	25.5	26.2	27.4	27.4	28.4	29.8
德国	6.4	5.9	6.1	6.2	5.6	5.8	5.7	5.6	5.4	5.1	4.7
法国	2.5	2.3	2.4	2.3	2.1	2.1	2.0	2.0	2.0	1.8	1.7
英国	2.1	2.1	2.2	2.3	2.2	2.0	1.8	1.8	1.8	1.8	1.7
日本	10.3	10.2	8.2	7.6	7.4	8.2	7.6	7.4	7.4	7.3	6.2
美国	15.8	16.0	16.2	16.1	17.3	17.0	16.6	16.5	16.9	17.2	15.6

数据来源：根据世界银行数据库相关数据整理计算。

经过多年发展，制造业形成了独立完整的产业门类体系。按照国家的统计分类，工业领域大体分为 41 个大类，扣除属于采矿业的 7 个行业，剩下的有 30 多个是制造业。如果再细一点儿，按照中类和小类来分，我国制造业要涉及几百个领域。此外，一批规模较大的产业基地和产业集群已经形成，并积累了相当水平的生产制造经验和数量可观的人才队伍。我国世界第一制造业大国的地位已经奠定，为我国以更高水平参与国际分工创造了条件。

（二）市场需求回旋余地大

伴随工业化、城镇化快速发展以及 "一带一路"、京津冀协同发展、长江经济带等重大区域发展战略的深入推进，人民群众新的消费需求、产业部门新的装备需求都将为制造业转型升级开拓了广阔的市场空间。

一方面，收入增长带来新的消费需求。近年来我国城乡居民收入大幅提高，城市居民家庭可支配收入和农村居民人均可支配收入分别由 1978 年的 343.4 元和 133.6 元提高到 2021 年的 47411.9 元和 18931 元，分别增长了 137 倍和 141 倍，其中蕴藏着市场需求潜力。2020 年我国钢产量突破 10 亿吨，人均粗钢表观消费量约 730 公斤，人均钢铁蓄积量接近 8.3 吨。而美国 1973 年人均钢铁表观消费量峰值为 711 公斤，人均粗钢蓄积量是 8.3 吨。日本这一数据分别为 802 公斤、10.5 吨。目前，我国汽车保有量已达 3.07 亿辆，超越美国居全球首位，汽车销售额占社会零售总额比重达到 10%。加之区域间发展不平衡，人均消费水平仍有大幅增长的空间。

另一方面，与产业发展密切相关的轨道交通装备、高端船舶和海洋工程装备、工业机器人、新能源汽车等领域潜在市场需求巨大。例如，截至 2021 年末，我国高铁运营里程达到 4 万公里，占到了全球高铁总里程的三分之二以上，对轨道交通装备的需求量可想而知；我国海岸线 1.8 万公里，进出口的货物 90% 都是靠船舶来运输的，现在新勘探的一些资源，大部分是在海洋进行，对高端船舶和海洋工程装备的需求越来越大。

（三）资本供给潜力巨大

从储蓄率看，2020 年我国国民总储蓄率达到 45.07%，远高于世界和发达国家国民总储蓄率（27.01%、23.05%），高于新兴和发展中亚洲地区的国民总储蓄率（40.08%）。2021 年末，我国各项存款余额高达 232.3 万亿元，比上年末增加 19.7 万亿元。从 M_2 占 GDP 的比重看，2003 年该比重为

1.61，2021年已经攀升至2.08，M$_2$（货币和准货币）达到238万亿元。高储蓄率所产生的大量存款为银行贷款投放提供了支持，货币供应量总体上是充足的。充裕的社会资金，为产业结构调整提供了充足的资本供给来源（见图3-2）。

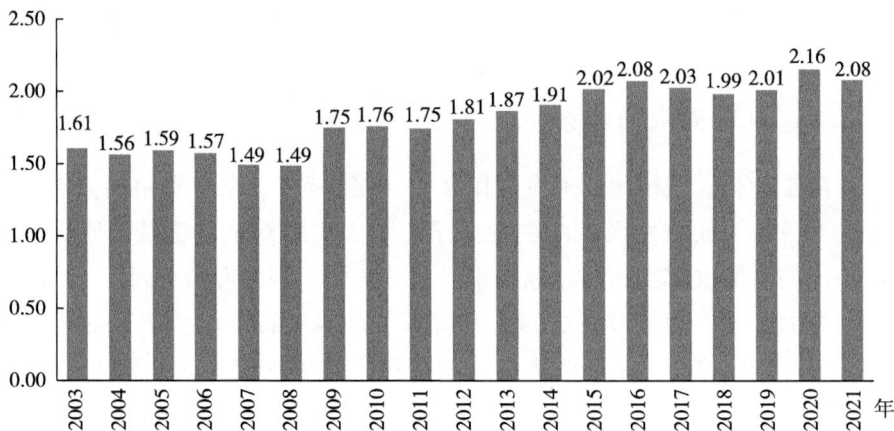

图3-2 我国M$_2$与GDP比值

（数据来源：GDP和M$_2$来源于万德数据库，M$_2$占GDP比重根据前面数据计算）

（四）研发投入持续增加

过去10多年，围绕构建现代产业体系，推动优势企业、优势产业集约集聚发展，我国制造业科技投入强度明显提升。2021年我国研究与发展（R&D）经费支出2.79万亿元，占国内生产总值的比重由2003年的1.13%上升到2.44%（见图3-3）。与其他发达国家相比，我国科研经费投入增长的速度也是最快的（见表3-7）。研发经费持续快速增长对支持部分领域率先达到国际先进水平作出重要贡献。

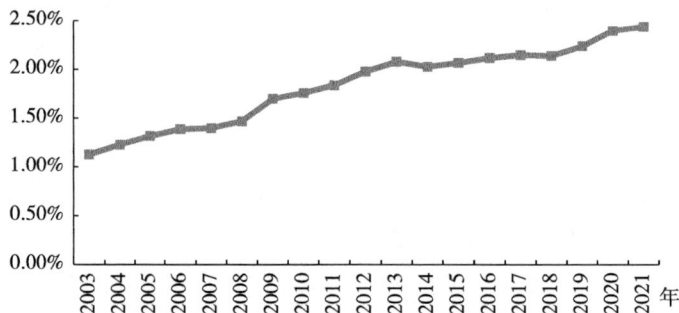

图3-3 我国R&D支出占国内生产总值比重

（数据来源：国家统计局）

表 3-7　世界各国 R&D 占国内生产总值的比重及年均增速　　　单位：%

国家	2010 年	2019 年	年均增速
中国	1.71	2.24	3.05
德国	2.73	3.17	1.67
欧盟	1.97	2.22	1.34
法国	2.18	2.19	0.05
英国	1.64	1.71	0.47
美国	2.74	3.17	1.63

注：英国 2019 年之后的数据尚未公布，故统一截至 2019 年。

数据来源：世界银行。

（五）政策环境日臻完善

比客观条件更为重要的是，制造业转型升级已经成为中央、地方各级政府、大小各类企业的共识，制造业发展的政策不断丰富和完善。

从制度政策层面看，《中国制造 2025》对制造业转型升级的目标进行了较为清晰的界定，国家成立了规格较高的制造业强国领导小组，信息技术、高端装备、新材料、生物医药等产业将有更好的发展环境和政策支撑。《增强制造业核心竞争力行动计划》选定轨道交通装备、高端船舶和海洋工程装备、工业机器人等六个前沿领域作为技术突破领域，通过调动市场力量、严格准入标准等举措带动相关行业发展。国家发展改革委、工业和信息化部等有关部门将根据这一文件进一步细化了具体的支持政策。这些部署和政策，不仅坚定了建设制造业强国的信心，而且为制造业自身改善发展条件、发挥优势特长、实现跨越式发展创造了难得的政策机遇。

从实践层面看，部分地方已经率先进行转型升级，并在转型升级的过程中取得成效，为转型升级树立了典范。以广东深圳为例，该地区围绕从低端工业转向新兴产业，从深圳制造转向深圳智造，从深圳加工转向深圳创意，从深圳工业转向深圳服务。制造业转型升级朝着良性循环发展。

第四篇　制造业转型升级的经验分析

发达国家也经历过制造业转型升级的痛苦过程，但在总体上取得了许多成功经验，值得我们借鉴且具备可行性。国际经验表明，制造业成功实现转型升级发展是国家战略、产业政策和企业创新等合力作用的结果，无论是美国、德国等历次产业技术革命的引领者还是日本、韩国、新加坡等追赶型经济体，都在制造业转型升级发展过程中建立了高效的技术创新激励机制、健全的人才培养体系，并依靠政府战略的科学制定及有效执行，促进了产业要素的科学配置，推动了制造业不断创新发展，实现产业结构不断升级。我国广东省也在自主创新、现代制造业培育以及产业转移等方面积累了成功的经验。通过对发达经济体、追赶转型成功经济体以及国内制造业转型发展领先地区的发展经验进行分析总结，对推动我国制造业整体转型升级发展具有积极的借鉴意义。

一、以美国、德国为代表的发达国家经验

发达国家如美国、德国一直都是工业革命的引领者，从手工业时代到机械化时代，再到信息化时代，以及未来的智能化时代，美国、德国一直引领着技术升级的方向，并依靠强大的技术、资金、人才优势推动着产业技术的升级换代。发达国家制造业的成功发展经验是中国制造业转型升级必须学习的榜样。

（一）科技创新、引领支撑

在历次产业技术革命以及经济从危机到复苏的周期中，科技创新都扮演了推动发达国家经济企稳回升、转型升级的重要角色。从第一次工业革命到第二次工业革命，再到电气化工业时代，最后到信息化时代，科学技术都无一例外地成为发达国家占领产业竞争优势的首要抓手，每次经济危机、周期调整之后，科技创新都是发达国家经济重新走向复苏、发展的核心动力。

从研发投入力度上看，美国、日本、韩国都是世界上重要的研发大国和地区。根据欧盟委员会最新发布的《2020 产业研发投资记分牌》报告，2019 年企业研发投入最多的三个经济体为美国（3480 亿欧元）、欧盟（1890 亿欧元）和中国（1190 亿欧元），占全球的比重分别为 38.5%、20.9% 和 13.1%。发达国家历史上对科技研发的重视始终保持较高的程度，在 1996 年美国、德国、日本和韩国的研发投入占 GDP 的比重就都已经突破 2%，分别为 2.4%、2.2%、2.7% 和 2.4%，并随着时间的推移不断增大研发投入强度，到 2020 年这四个国家的研发投入强度分别达到 3.5%、3.1%、3.3% 和 4.8%。发达国家在尖端科技领域不断取得技术突破，并加强技术成果的产业化推广，推动了产业技术升级和经济增长动力增强。数据显示，目前中国科技成果的转化率很低，仅为 30% 左右，而发达国家这一指标为 60%~70%（见图 4-1）。

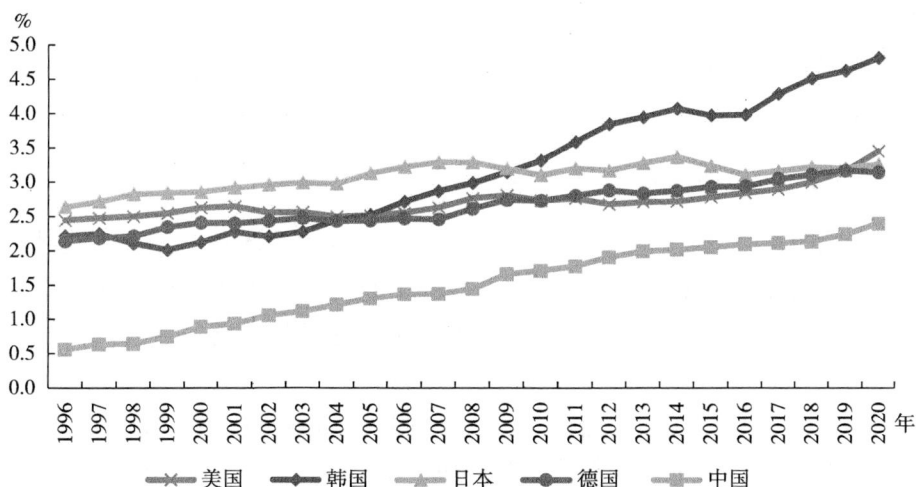

图 4-1　研发投入占 GDP 比重

（数据来源：世界银行）

领先的科技创新能力和创新成果转化能力，使得发达国家能够控制产业技术的制高点。据统计，第二次世界大战后发达国家的重大科技发明有 65% 在美国率先研发成功，并有 75% 在美国率先得到应用，特别是 20 世纪 50 年代以来以电子信息、航空航天和核能利用等为代表的第三次技术革命促进美国制造业结构由重化工业结构向高附加值深加工结构转变。20 世纪八九十年代美国制造业成功地完成了钢铁、汽车等生产技术的智能化改造，并大力支持高新技术产业的快速发展，使得 20 世纪 90 年代初期美国高新技术产品的出口占制造业出口的份额接近 40%，制造业工业增加值中高新技术产业占比接近四分之一，经过 20 世纪 80 年代政府对高新技术产业的资金投入和大力扶持，科学技术成为美国经济 20 世纪 90 年代发展的核心驱动力。

科技创新的领先，并以此优势加强对技术标准的控制和知识产权的保护，进一步增强了发达国家制造业企业品牌的价值和影响力。如美国高通公司拥有所有 3000 多项 CDMA 及相关技术的专利，这些标准已经被全球标准制定机构普遍采纳或建议采纳。高通公司已经向包括中国企业在内的全球 125 家以上电信设备制造商发放了 CDMA 专利许可，为其赚取了巨额利润；同样，以微软、苹果、波音等为代表的美国企业牢牢处在产品创造和品牌设计的金字塔顶端。品牌和技术标准已经成为发达国家保持产业竞争优势，在全球范围内占据产业价值链高端的重要手段。因此，尽管随着新兴经济体的崛起，发达国家制造业占全球的比重有一定程度的下降，但发达国家制造业的核心优势仍然是产品的科技与创新，掌控着高科技产业的核心竞争力，在高端制造业的优势仍远远强于后发制造业大国。

（二）人才培养、科学完备

发达国家科技创新能力强劲的根本在于先进的人才培养体系及全社会对科技创新教育的高度重视，为产业技术升级和经济发展提供了优秀的高端技术人才，使得发达国家的科技创新能够始终保持旺盛的活力。在 1996 年美国每百万人中拥有的研究人员数量为 3100 人，到 2018 年这一数量已经上升到 4412 人；同期，德国每百万人中的研究人员数量则从 2700 人上升到 5212 人；韩国的研究人员比重上升最快，从 2200 人上升到 7980 人；日本则始终保持 5000 人/百万左右的研究人员比重，2018 年为 5331 人。

美国的科技硬实力就是建立在发达的教育体系和人才培养模式基础上的。美国高等教育十分重视创新和创造，以斯坦福、哈佛、麻省理工为代表的著名高校聚集了全球的精英人才，鼓励自由创意，并支持从创意到实现市场价值的全链条创新，形成了"创新梦工场""CEO 的摇篮""知识资本再造"的人才培养和科技创新模式。同时，在美国政府、企业和大学的全面合作下，美国已经形成了遍布全国的工业实验室，为美国产业发展培育了一系列重要的技术和研发人才。1913 年，美国全国大约只有 50 个工业实验室；但到 1931 年，几乎稍大一些的公司都开始建立自己的工业实验室，其数目超过了 1600 家；1940 年达 3450 家，1956 年为 4838 家。到 20 世纪 70 年代末，大约有 15500 家公司拥有自己的工业实验室，工业实验室拥有的科技人员数量占美国科技人员总量的 70% 以上。

德国在鼓励高端研发人员培养的基础上，也十分重视职业技术教育在产业发展中的推动作用。德国的《职业技术培训法》规定青年人必须参加技术培训，企业有义务为青年工人提供技术培训岗位，使得德国在生产一线的技术人员能够参加到技术创新活动之中，通过学校和企业的密切合作，德国能够培养出大批高素质的产业技术工人，从而保障了德国制造业在全球始终保持高强的竞争力。德国非常注重职业技术培训，其中参加制造业培训的人才占比达到 35% 以上，在高等教育中，德国通过建立学生实验室等方式鼓励学生进入技术工程师行业发展。同时，为弥补国内人才短缺的状况，德国通过人才迁移计划来吸引国际专业人才。

（三）融资体系、完善健全

产业技术创新是高风险活动，发达国家为鼓励技术创新建立了高效的投融资支持机制，实现了风险分担，降低了全社会的创新风险和成本。从产业组织的角度来看，发达国家如美国、日本、德国等都是以企业作为技术创新的主体，但政府给予大量的资金扶植，引导并形成主导产业的企业整合资源，进行行业整体的合作研发，以组织化、系统化的创新模式与其他国家展开产业竞争，产业集中度高的同时，企业的合作度也很高。美国崇尚自由市场经济，但在新一轮产业技术革命中还是由联邦政府主导建立了制造业创新网络，计划建立 45 个制造业创新研究中心，政府提供初始资金，在竞争环境下由企业、高校、科研机构等合作进行创新研究，并基本上是分别设在 45 个不同的州，根据各州的资源禀赋和产业技术优势来安排。

同时，风险投资的高度发达为创新活动提供了重要的资金支持。美国的工业创新实验室一方面受到企业的高度支持，另一方面风险投资也高度关注并且能够提前介入，使得工业创新实验室保持充裕的经费。经过 20 世纪八九十年代的发展，美国已经形成了一套完备的风险投资机制，尤其是向高新技术产业的中小公司的投资，使这些公司在发展高新技术的过程中得以迅速腾飞，如苹果公司正是依靠风险资本的模式建立起来的。核心技术加上风险资本的投入，推动了美国的产业格局由传统的钢铁、汽车、建筑工业向高新技术的制造产业转变。

目前，美国发达的资本市场为科技创新和产业发展提供了充足的资本来源，美国软件行业的 93.6%、半导体行业的 84.8%、计算机及外围设备的 84.5%、通信行业的 81.7% 的上市公司都在纳斯达克上市，微软、英特尔、雅虎、苹果、戴尔等著名的高科技企业的发展壮大，也都离不开美国灵活、快捷的融资市场机制的支持。

在支持企业创新创业的融资体系中，对中小企业的支持是美国和德国都特别注重的领域，因为中小企业的创新活力是制造业转型升级的重要动力源泉，中小企业的成长壮大将直接改变制造业的产业结构，完成对传统产业的升级换代。

为支持中小企业的发展，美国在 1953 年成立了中小企业管理局，这是由美国政府发起设立的为中小企业提供资金支持、推动公私合作、提供咨询和培训服务的专门机构。中小企业管理局的设立和运营，直接帮助中小企业获得多元融资来源，包括提供创新研发资金、商业贷款担保、风险资金以及和联邦政府部门合作进行研发等，通过政府对中小企业的扶植和培养，大大提高了创业创新活动的成功率，促进了万众创业的展开，对激发民间的创新创造活力发挥了重要作用。在美国的制造业转型升级过程中，中小企业发挥了较高效率，在技术创新、创造就业等方面为美国经济增长作出了积极贡献。美国的统计数据表明，美国中小企业的创新成果占全国总量的 50% 以上。

虽然德国资本市场发达程度不如美国，但德国建立了由政府、商业银行、担保银行和行业协会等这些主体共同参与、风险共担、收益共享的中小企业社会化融资体系，为中小企业进行技术创新、市场拓展提供了有效的融资支持。德国政府的作用是通过《德国复兴信贷银行法》保障开发性银行在中小企业融资体系中的引导和带动作用，建立了以开发性金融机构为核心的中小企业融资体系，政府为开发性金融机构和担保银行提供一定的政府担保和长期低息贷款，并通过减免税收等办法，降低了金融机构和担保银行的融资风险和成本。商业银行和行业协会以及其他中介机构共同服务于中小企业的融资需求，通过建立长期的合作关系，形成了信息共享、风险共控的融资模式。特别是在中小企业的技术研发方面，德国政府可以通过财政补助、税收优惠、低息贷款等方式直接提供支持，为德国中小企业的创新活动建立了良好的融资环境。据德国政府的调查，在本次金融危机发生后，有 81% 的中小企业认为自身信贷融资环境没有受到金融危机影响；19%受到金融危机影响的企业最终也有16%得到了贷款，不能获得银行信贷的企业仅占3%。可见，德国多方主体共同参与的社会化融资体系为德国中小企业的创新经营活动提供了充足的融资保证，是德国企业能够长期保持旺盛的创新活力和市场竞争力的重要保障。

（四）国家战略、具体务实

美国制造业始终保持领先地位，与美国的国家战略引导作用息息相关。第二次世界大战后，特别是冷战结束之后，为实现美国制造业的结构调整和提高美国制造业的国际竞争力，美国政府改变了不直接干预产业的态度，而是对产业部门提升竞争力进行了广泛的干预，通过促进高新技术的发展引导产业结构升级换代，20世纪80年代以来美国在产业政策、贸易政策等方面，不断出台针对性的战略引领产业不断升级，保持其长期领先竞争力，美国先后实施了"贸易政策行动计划""综合贸易与竞争力法案""国家贸易政策纲要"等，不断拓展美国产业的出口空间；著名的"信息高速公路计划"的实施则有力地推动了美国高新技术产业的发展，特别是信息产业革命发展快速；20世纪90年代，美国又通过"通用的产业政策"，支持基础性的研究和开发，联邦政府还直接参与汽车等制造业的研发，这些产业政策的结果是使得美国在20世纪90年代巩固并提升了在全球的技术领先优势。进入21世纪以来，美国贯彻"保持优势战略"，确保了美国在研发、制造、贸易方面的世界领先地位。特别是2008年国际金融危机以来，美国政府提出了一系列措施和计划包括《重振美国制造业政策框架》《美国先进制造业的领先地位计划》《先进制造业国家战略计划》等，以帮助美国制造业在逆境中实现升级。正是美国的国家战略和产业政策的不断促进，推动了美国制造业崛起、信息化发展和高技术服务业的高度发达，并促进了风险投资市场的发展、产学研的高效结合、发达的人才培养体系的建立等，全方位地促进了产业结构的调整和升级（见表4-1）。

表4-1　美国为应对金融危机、促进制造业增长的战略法案

战略名称	时间	主要内容
复兴与再投资法案	2009年2月	推出总额为7870亿美元的经济刺激方案
美国创新战略——推动可持续增长和高质量就业	2009年9月	提出了美国发展创新型经济的完整框架
重振美国制造业的政策框架	2009年12月	以技术创新和出口为重点，重振制造业

续表

战略名称	时间	主要内容
出口倍增计划	2010年2月	成立由总统直接管理的"出口促进内阁"，五年内使出口翻番
制造业促进法案	2010年8月	削减本土制造企业所需原材料进口关税，对投资在本土的美国企业实施税收优惠
美国创新战略——确保经济增长与繁荣	2011年2月	本创新战略是对2009年创新战略的深化与升级
确保美国先进制造业的领先地位计划	2011年6月	为制造业提供良好环境，加快新技术、新方法应用，确保美国制造业特别是高端制造业停止衰退
先进制造伙伴计划	2011年6月	通过政府、高校及企业的合作来支持和强化美国制造业
国情咨文（2012）	2012年1月	构建以制造业、能源、劳动力技能及美国价值为支柱的国家永续经济蓝图，通过税收优惠夺回制造业，为高科技制造业减税
美国先进制造业国家战略计划	2012年2月	将智能电网、清洁能源、先进汽车、航空和太空技术、生物和纳米技术、新一代机器人、先进材料等作为重点发展领域；为制造业提供支持：增加中小企业投资、加快提高劳动力技能、建立健全伙伴关系、调整优化联邦投资、加大研发投资

　　德国在重视发挥市场作用的同时，也十分重视政府政策的引导作用。20世纪60年代，德国通过出台《煤炭适应法》《改善区域经济结构共同任务法》，解决了煤炭产能过剩和煤炭开发区转型发展问题，使煤炭的生产能力有计划地、逐步地适应能源经济的发展。20世纪七八十年代，德国的钢铁工业出现了大量生产过剩，开始陷入危机，政府又通过对钢铁业发放补贴的方式，减轻钢铁业下滑对经济社会造成的冲击，德国对钢铁业的补贴到1981年占到国民生产总值的0.3%。从20世纪70年代起，扶持新兴产业的发展成为德国产业政策的重要组成部分，最典型的就是通过国家的研发与科技政策，支持空中客车的开发和生产企业做大做强，德国政府还通过提供研发补贴、融资担保、汇率波动补贴等方式来支持空中客车的发展，提升空中客车的竞争力。20世纪90年代中期，德国联邦政府又通过"生物园区竞争计划"以及支持计划，全力推进在德国具有良好研发基础的生物技术产业的发展，进而推动新经济产业的迅速成长。金融危机发生后，德国

又发布了工业 4.0 战略，推动德国制造业全面向智能化方向升级，保证德国制造业的全球竞争力。总体上看，德国政府鼓励自由市场机制，但能够在限制垄断、保障市场机制发挥作用的同时，通过政府战略加大对关键领域的技术研究和开发的支持力度，以促进科技创新能力和工业竞争力的提高，通过政府制订计划，德国支持了能源、航空、通信、材料、电子、光学、生物等关键领域的技术研究和开发活动的广泛展开。同时德国政府采取多种措施支持中小企业发展，尤其是支持中小企业研发活动，有力促进了中小企业技术改造和创新。

二、以日本、韩国为代表的追赶型经济体的经验

日本、韩国、新加坡等国家没有丰富的历史积累，都是从第二次世界大战后重建起步快速实现了产业升级并进入高收入国家行列的国家，在制造业转型升级过程中都是依靠强有力的国家战略实现了从进口替代到出口导向，再到发展高新技术产业及现代服务业的产业升级过程，作为追赶型经济体的代表，日本、韩国、新加坡的制造业转型升级经验同样值得中国学习借鉴。

（一）政策明确、科学发展

日本是第二次世界大战后第一个实现经济赶超战略的工业化国家，通过产业政策体系提高资源配置效率，重点依靠主导产业部门的快速发展带动日本经济起飞。产业政策发挥作用和市场机制有效结合，加快了日本的产业结构调整步伐。20 世纪 50 年代日本重点发展钢铁、电力和造船等产业，奠定了工业化的基础；60 年代开始，日本确立了"贸易立国"战略，重点通过提高重化工业的国际竞争力带动产业结构的升级，并实现了国民生产总值"超英赶美"，成为世界第二大经济体；七八十年代，日本政府将知识密集型产业作为产业结构升级的重点，提出了"创造性知识密集型"的产业政策。政府大幅增加了科技研发的投资，政府主持或参与重点科技领域的科研项目，建立了产学研政府等多位一体的科研体制，促进了知识密集型产业的发展。90 年代之后日本倡导"环境、经济、社会可持续发展"的产业政策，由单一以增长为目标，转向以"生活大国"为目标，经济增长方式由出口主导型向内需主导型转变。21 世纪以来，日本在

产业结构中注重技术革新与国际竞争力的提高，产业技术政策成为这一时期的主要特征。战后几十年是日本产业发展最快、产业结构变动最大的时期，日本的制造业快速实现赶超，是日本政府审时度势正确制定产业发展战略的结果，合理制定并实施产业政策无疑是日本产业迅速发展和产业结构迅速趋向高级化的重要推动力。

韩国的市场经济体制中政府的主导作用很强，在20世纪80年代之前，韩国的国家指导性计划对经济的干预程度较高。韩国的产业政策直接由政府做出并执行，每项产业政策都有明确的发展计划和政府优惠政策支持。战后初期，为稳定经济和社会，满足居民消费需要，韩国产业政策的重点放在了消费品工业，实施了进口替代战略。20世纪六七十年代韩国开始实施出口导向型战略，采取了一系列支持出口的贸易和金融政策，产业政策的重点放在了轻纺工业。20世纪70年代，韩国产业政策转向了重化工业，先后制定了七个重化工业优先发展的《特别工业振兴法》，如造船、钢铁、汽车、有色、化学、机械、电子，在政策措施上建立了国家投资基金，为大型项目投资提供优惠利率贷款，并对国内产业进行了贸易保护。20世纪80年代以后，韩国发展战略转向了"科技立国"，产业政策的重点是发展技术密集型产业，在对传统产业进行技术改造和升级的同时，重点发展信息产业、新材料、精密仪器及生物工程等，推动了韩国制造业的转型升级。亚洲金融危机之后，韩国政府确立了产业结构高技术化的发展方向，推动大企业集团的产业结构调整，并注重对中小企业自主创新能力的培育，在资金、税收、土地等方面给予积极的帮助和支持，增强了韩国产业的技术创新能力。21世纪以来，韩国的产业政策继续注重产业的升级换代，推出了一些产业振兴计划，加快了传统优势产业的改造升级，并重点扶持精密机械、信息通信、环保和生物工程等新兴产业，努力向知识密集型产业结构升级。

新加坡同样经历了从进口替代向出口导向转变，在发展重化工业基础上继续向高新技术产业升级的过程，新加坡政府在推动制造业转型升级方面发挥了重要的作用，在每个发展阶段，新加坡政府都会结合新的经济环境和国际环境制定合理的产业政策来指导产业结构的转型与发展。20世纪80年代，新加坡政府主动推行"第二次工业革命"的经济充足计划，积极利用外资，推动新加坡产业结构从劳动密集、技术低端环节向资本密集、高技术和高附加值领域转变。政府积极引导，推动发展了电子信息、生物工程、高端装备制造等资本和技术密集型产业。20 世纪 90 年代后，新加坡政府制订并实施了制造业 M2000 计划，重点支持发展电子信息、航空航天、生物技术、精密制造业等高附加值制造业。21 世纪以来，新加坡政府又制订了"二十一世纪工业计划"，重点促进高新技术产业及现代服务业的融合发展，打造知识主导型产业结构。

（二）弥补短板、高效发展

由于资源匮乏，日本十分重视技术创新在经济发展中的作用，在工业化发展的初期，作为追赶型经济体日本确立了积极引进国外先进技术的技术创新策略，根据本国的生产要素现状、吸收创新能力等，突出重点、多渠道、多形式引进适用的先进技术，并通过鼓励企业在应用中进行消化、吸收等二次创新，逐步建立起自主的技术创新体系，在较短时间内成功缩小了与欧美等先进国家的技术差距。据统计，1950—1975 年日本共引进了26000 项左右的先进技术，为此支付的外汇总额不到 60 亿美元，仅为先进国家这些技术研发成本的 1/30。据日本自己的研究推算，通过直接引进利用国外的先进技术，使得日本节约了 2/3 的时间和 9/10 的研发费用，就成功实现了赶超英、美的目标。为了实现经济增长，日本还加强了政府、企业、高校、科技机构紧密结合，通力合作，快速提升了本国的自主创新能力。目前，日本全国有 400 多所大专院校的科研机构和实验室主要从事尖端技术的理论研究，700 多个国家或地方科研机构主要从事投资多、风险大、对社会经济发展和科技进步影响深远的重大课题的研究，17000 多家企业机构主要从事生产技术的应用研究，日本政府则从全局的角度进行规制与指导，运用法律、经济、行政等手段促进科技与产业紧密结合，促进了日本经济的高速增长。

韩国为鼓励和支持企业的技术创新，在财税政策上给予了大量的优惠待遇，为此韩国政府制定了多项支持技术创新的政策立法。从 20 世纪 60 年代开始，韩国提出了"技术立国"的方针，从 1962 年到 1985 年，韩国共引进技术 35272 次，节约了技术研发的时间和费用，促进了产业技术升级，1982—1988 年，韩国把电子电器技术作为引进的重点，引进总量占全部技术引进的 32.1%；同时，韩国政府先后制定并颁布了《科学技术振兴法》《新技术产业化投资税金扣除制度》《科研设备投资税金扣除制度》《技术转让减免所得税制度》《技术研究开发促进法》等政策立法，主要通过减免税收、设备折旧、投资抵免税收等方面和鼓励企业的技术创新，减免的税收涉及设备进口税、土地税、技术转让的流转税和所得税等，并通过加速研发设备折旧、新技术产业化投资抵免税收等方式，有效地降低了企业的技术研发成本，分担了部分创新风险，增强了财税政策对科技进步和经济增长的支持作用。韩国政府还专门成立了由总统直接管理的"技术振兴审议会"，研究全球科技动向，审议和调整国内科技政策，解决重大问题。

新加坡在发展理念上就十分注重产业创新，如 1998 年提出《创意新加坡计划》，2002 年提出《创意产业的全面发展规划》，2005 年发布《智慧国 2015》蓝图等，对新加坡产业升级起到了积极的引导和帮助作用。同时新加坡专门成立了"研究、创新及企业理事会"，通过政府和企业的高效合作，不断增加科技创新投入；在利用外资方面，新加坡以优厚的条件吸引世界一流企业到新加坡设立地区总部，重点吸引跨国公司的核心技术产品、研发部门落地新加坡，并以此为龙头促进新加坡产业的集群化发展。

（三） 优化组织、特色发展

日本的产业组织的最大特点是利用国际分工，通过产业转移，发展雁阵模式，促进本土产业结构的升级换代。在雁阵模式理论中，日本把失去比较优势的产业逐步向"四小龙"、东南亚、中国沿海等地区转移，日本则作为雁阵的雁首，重点发展产业链的核心环节，保持制造业的核心竞争优势。20 世纪 70 年代开始，日本产业结构向重化工业转变的同时，日本的纺织业首先开始向国外转移，国内逐步建立了资本密集型产业体系；80 年代后，由于两次石油危机的冲击，推动日本将高耗能的钢铁、造船、石化等产业产能逐步转移出去，在国内确立了技术密集型的产业发展战略和目标，将机械、汽车、半导体等产业作为重点发展领域。通过产业转移，日本充分利用了国际分工的优势，促进了本国的产业结构升级。

韩国的产业组织形式的特点是组建了大型企业集团，为快速实现经济的转型发展，20 世纪 70 年代开始，韩国政府通过国家建立投资基金、提供优惠利率、财政和贸易政策的积极支持等方式，扶持建立了一批大型企业集团，并不断巩固和提升韩国龙头企业的全球竞争力。这些大型企业集团在韩国经济中的地位十分重要，据统计，三星、现代、SK、LG 和 KT（韩国电信）等大企业集团创造的产值在韩国的国民经济中所占比重已超过60%。以大型企业集团为龙头，带动了韩国整个制造业部门的快速发展，韩国的大企业集团战略，适应了韩国工业基础薄弱、国内市场较小、出口导向发展战略等国情特点，能够有效提高韩国产业集中度，减少国内竞争，集中资源促进出口，增强国际竞争力。同时政府和大企业集团的密切合作，能够有效落实国家的各项产业政策，提高创新效率，降低创新风险，推动产业转型升级顺利进行。

新加坡最有特点的产业组织形式是建立了以淡马锡为代表的国有企业集团，通过政府、国有企业和其他企业合作的形式，积极推动政府的鼓励创新政策的落实，有效克服了产业创新存在的投资大、周期长、风险高等困难；而且通过公私合作伙伴模式（PPP模式），政府能够有效引领产业发展升级的方向，提高资源配置效率，为新加坡经济实现快速赶超发挥了重要作用。

三、以广东为代表的国内发达地区转型升级的经验

我国广东省依靠增加研发投入，提高市场化研发程度，全面提升了自主创新能力，有力地推动了制造业转型升级；同时利用省内产业梯度转移，完善了省内制造业产业布局，实现了现代制造业基地和配套体系均衡发展，成为国内产业转型升级较为成功的地区，为我国推动制造业转型升级积累了丰富的经验，做出了良好的示范。

（一）以强化科技自主创新激发转型升级的活力

广东作为国内的发达省份，在制造业转型升级进程中走在全国前列，2021年广东省高技术制造业完成增加值11212.5亿元，同比增长6.9%，占规模以上工业的比重达29.9%。先进制造业完成增加值20325亿元，同比增长6.5%，占规模以上工业的比重达54.2%。高技术制造业和先进制造业（两者略有交叉）合计占规模以上工业增加值的比重达到84.1%，比2011年提高了14.8个百分点，其中高技术制造业增加值比重提高了8.4个百分点，显示出广东制造业转型升级取得明显成效。

广东省制造业的转型升级取得一定成效的首要因素是不断增强研发投入强度，切实提高自主创新能力，以技术创新引领制造业结构调整和升级。数据显示，2021年广东研究与试验发展（R&D）经费支出超过3800亿元，占GDP的比重达到3.14%，居全国前列。其中深圳市2021年全社会研

发投入占 GDP 比重首次突破 5%，高达 5.46%，超过发达国家水平。研发投入的增强极大地提升了广东科技创新能力，2021 年，广东区域创新综合能力连续五年位居全国第一，发明专利有效量、PCT 国际专利申请量等指标均居全国首位，其中 PCT 国际专利申请量 2.61 万件，占全国比重的 38.16%，排名全球第四，仅居中国、美国、日本之后。

科技创新成为广东制造业转型升级的关键动力不仅在于研发投入强度较高，而且在于广东省市场化研发程度较高，以深圳为例，2021 年深圳上市公司研发费用超过 1533 亿元，约占深圳市全年研发费用的 92.8%，企业成为真正的研发投入主体，其中华为公司 2021 年的研发投入占营业收入的比重达到 22.4%，达到全球领先水平，与依靠政府投入和研究机构投入不同，深圳的市场化创新使得创新资源的配置更有效率，更贴近市场，更满足产业升级的需求。企业作为研发主体能够最大化地发挥研发资源的效用，提高研发成果的市场价值，2021 年深圳的 PCT 国际专利申请量 17443 件，占全国的 25.5%，连续 18 年排名全国大中城市第一位。深圳成为广东省技术创新的核心城市，也是中国依靠创新推动制造业转型升级的代表城市，高居国内城市创新能力排行榜首，在 5G、超材料、基因测序、3D 显示、石墨烯太赫兹芯片等领域创新能力处于世界前沿。

（二）以产业与劳动力"双转移"推动产业升级

广东的产业升级也是从劳动密集型产业为基础的，随着要素成本不断提升，广东产业升级的要素制约压力不断增大，但同时广东还有广大的粤东西北不发达地区，2021 年珠三角核心区的人均 GDP 是粤东西北地区的 2.6 倍。这使得广东的产业发展存在明显的区域间级差，以此为背景，广东省在 2008 年正式提出产业与劳动力"双转移"战略，通过珠三角地区产业在省域范围内的梯次转移，形成以产业转移推动产业升级的发展道路。

通过积极的财政政策，广东省鼓励珠三角产业向粤东西北地区转移，支持了一批示范性产业转移园的建设。近年来，广东省制定了《关于进一步推进产业转移工作的若干意见》《广东省产业转移工业园认定办法》等一系列促进产业转移园发展的政策措施，利用税收减免、专项资金、财政补贴等政策优惠，在粤东西北地区建立了一批省级产业转移工业园，通过结对帮扶、利益共享、资金扶持等手段，结合土地、用电等优惠政策，使得珠三角地区的劳动密集型产业、产业低端环节能够渐次地向粤东西北地区转移，为珠三角地区产业升级换代腾出土地空间。目前在粤东粤西粤北地区以及惠州、中山、江门、肇庆市设立了 95 个省产业园，2021 年省产业园工业企业数达 8400 家，其中珠三角核心 6 市转移企业超过四成。广东已集聚形成珠江西岸先进装备制造配套产业群、珠江东岸高端电子信息产业延伸拓展产业群、粤东能源及轻工产业集群、粤西临港重化产业集群。广东的"双转移战略"一方面促进了区域经济的协调发展，另一方面改善了广东省产业的空间布局，为珠三角地区产业升级创造出发展空间，同时建立了广东省制造业发展的纵深腹地，通过珠三角的龙头带动作用，以及与粤东西北等发展腹地形成的产业链分工，促进了广东省内产业的融合，实现了依靠珠三角地区带动整个广东省制造业的转型升级。

（三）以统筹建设现代制造业基地推动转型发展

珠三角地区产业逐渐向省内不发达地区及我国内陆地区转移的同时，广东省积极规划推动珠三角地区的产业升级换代发展，2014 年以来先后制定颁布了《关于推动新一轮技术改造促进产业转型升级的意见》《珠江西岸先进装备制造产业带布局和项目规划（2015—2020 年）》《广东省工业转型升级攻坚战三年行动计划（2015—2017 年）》等规划，统筹规划了珠江西岸先进装备制造业基地和珠江东岸电子信息产业带，结合粤东西北地区的产业转移园，使得广东省制造业的空间布局更加优化。

自 2014 年珠江西岸先进装备制造产业带启动建设以来，共培育形成了珠海船舶与海洋工程装备制造、佛山市智能制造装备产业、中山市光电装备产业、江门市轨道交通装备产业、阳江风电产业、肇庆市汽车零部件产业、韶关华南先进装备产业园、云浮氢能源汽车产业等 20 个产业集聚区。2015—2018 年，珠江西岸先进装备制造产业带累计实现装备制造业增加值 11471 亿元，年均增长 11.8%，显著高于同期全省规模以上工业增速。累计完成装备制造业投资 5428 亿元，总量超前 10 年的总和，年均增长 22.2%，增速是同期全省工业投资增速的两倍多。广东省提出要重点引进先进制造业龙头项目和一批"高、精、专"产业链配套项目，形成较完善的先进装备制造产业配套体系，使得珠江西岸成为国内领先、具备国际竞争力的先进装备制造业基地。在珠江东岸则是发挥现有电子信息产业基础优势，重点引进建设一批集成电路、新型显示等龙头项目，增强自主配套能力，提升终端产品附加价，打造成为全球重要的电子信息产业基地。

第五篇　我国制造业转型升级的技术分析

转型和升级涉及理念的转变、模式的转型和路径的创新，需立足自身，根据行业要素效率、资本结构、产业基础、全球价值链等因素，科学进行综合分析。坚持有所为有所不为的原则，加快从单纯劳动密集型向劳动—技术创新型转变，从规模扩张型向效益提升型转变，从粗放型制造向绿色制造转变。

通过对劳动生产率测算以及主导产业选择指标的分析发现，我国制造业转型升级不是另起炉灶，更不是抛弃传统产业①。对于重化工行业来说，由于六大高耗能行业产值占据工业半壁江山，具有较高的劳动生产率，技术基础良好，人力资源相对密集，是国民经济的优势所在，同时也是保障我国转型升级取得最终成功的产业基础之所在。对于轻工业来说，纺织、家电等劳动密集型产业劳动生产率虽然已经低于工业平均劳动生产率，并且其绝对成本优势已经失去。但是，其相对成本优势仍然存在，国际国内市场需求仍然有较大空间。可以通过将重点放在提高行业生产率和资源效率上，如提高行业集中度，建立生态型资源整合平台，延伸并且密切上中下游产业链，也包括在某些行业推进"机器换人"。还包括运用新理念、新技术、新业态如"互联网+"来改造提升传统产业，不断提高产品的附加值。

根据相关的测算结果我们认为，资本密集型的传统重化工产业仍然是结构调整、转型升级的主战场。转型升级的关键就是突破关键技术改造传统重化工产业，最终目的是提高行业效益和劳动生产率。因此，中国制造业转型升级绝不在于"放弃"传统产业，而是"强化""提升"传统产业，向更加发达的工业体系发展，使各工业部门（包括传统产业和高技术产业）都达到世界先进水平。传统的、低端制造业还有很大的发展空间。

---

① 以机械工业发展为例，目前机械工业在产业规模上已经连续 4 年位居世界第一，在世界市场份额约高达 48%，在国防建设和国民经济发展中起着举足轻重的作用。如果抛弃这些产业去搞转型升级，反倒是舍本逐末之举，道理显而易见。

这些制造业的发展，需要通过技术升级进行高效、精益生产，从而使每个行业的生产制造达到该行业制造的最高点，从而能够和德国这样的制造业大国相比。

一、制造业行业劳动生产率测算

（一）计算方法

采用工业全员劳动生产率法计算劳动生产率[①]。全员劳动生产率是考核企业经济活动的重要指标，是企业生产技术水平、经营管理水平、职工技术熟练程度和劳动积极性的综合表现。目前，我国工业的全员劳动生产率是将工业企业的工业增加值除以同一时期全部从业人员的平均人数来计算的。根据相关文献以及数据的可获得性，我们观察和计算了制造业 2005—2012 年间，28 个行业的全员劳动生产率。

（二）数据来源和处理

其一，关于分行业工业增加值数据的处理。2005—2007 年的分行业工业增加值（现价）由国家统计局发布，自 2008 年后，统计局没有再公布分行业工业增加值数据，而是只给出行业增加值不变价的增速。由于历史工业增加值数据是现价数据，而增加值增速的数据为不变价数据，因此我们根据 PPP（购买力平价理论和利率换算的费雪定律），结合当年通货膨胀率，将扣除价格影响因素的增速数据转化为名义增速数据。然后结合历史数据和增速数据推算 2008—2012 年的分行业工业增加值（现价）。我们没有采用不变价工业增加值数据的原因，一是不变价的基期没有明确，处理起来容易使数据失真；二是运用不变价数据对研究劳动生产率没有意义。

其二，关于全体从业人员年平均数。根据国家统计局的标准定义，全部从业人员平均人数是指报告期内每天平均拥有的从业人员人数，包括在岗职工、再就业的离退休人员、民办教师及在企业工作的外方人员和港澳台人员、兼职人员、借用的外单位人员和第二职业者，不包括离开本单位但仍保留劳动关系的职工。该数据从《中国统计年鉴》《中国工业经济年

---

① 在不同劳动生产率的测算方法中，全员劳动生产率法估算成分较少，结果较为准确。因此，采用该方法计算不同行业的劳动生产率。

鉴》《中国劳动统计年鉴》上获取。

（三）结果分析和说明

重化工业劳动生产率高于轻工业。计算结果如表 5-1 所示。在制造业 28 个大类行业中，重工业（石油加工、化工、钢铁、有色、装备制造）以及高度垄断行业（烟草制品业）劳动生产率相对较高。这些行业从业人员总量相对固定，且均属于资本密集型工业，工业投入能够产生现金流的级数增长效应，因此劳动生产率较高。劳动生产率相对较低的行业有：纺织服装业、鞋、帽制品业，皮革、皮毛及其制品业、家具制造业。这些行业的特点是属于劳动密集型产业和出口导向型产业，行业就业人员变动幅度大。基于对劳动生产率的测算，我们得出以下两个结论：

第一，资本密集型的传统重化工产业仍然是转型升级的重点所在。转型升级不是另起炉灶，不是破旧立新，更不是要抛弃传统产业。①重化工行业具有较高的劳动生产率，技术积累时间较长，在长期实践中也培养了一大批成熟的技术工人，形成了完整的生产工序和行业体系。②这些行业虽然面临着产能过剩等问题，但是具备了消化、吸收、再创新的技术能力和基础，突破关键技术改造传统重化工产业具备可行性。③以钢铁行业为例，钢铁产业的劳动生产率在本国制造业中位居前列，从国际比较看，钢铁产量占世界比重、吨钢综合能耗、产业集中度、高炉渣综合利用率等指标取得长足进步，"以钢铁产品制造、能源转换、废弃物消纳和再资源化"三大功能为一体的发展模式已经确立。

第二，装备制造业①代表着未来结构调整、转型升级的方向。从劳动生产率的增速看，近 10 年来，装备制造业所属相关行业劳动生产率增速较快。装备制造业基础好、起点高，完全有能力实现技术自主，在提高劳动生产率的同时降低技术对外依存度。以轨道交通装备制造为例，该产业在产业效率、产业效益已经可与世界先进水平相比较（见图 5-1，表 5-1）。数据显示，轨道交通装备制造领头羊企业的水平已经具备与西门子、庞巴迪、阿尔斯通、川崎重工竞争的资本。

---

① 按照国民经济行业分类，其产品范围包括机械、电子和兵器工业中的投资类制成品，分属于金属制品业、通用装备制造业、专用设备制造业、交通运输设备制造业、电气机械及器材制造业、通信设备、计算机及其他电子设备制造业、仪器仪表及文化、办公用机械制造业 7 个大类 185 个小类。

　　第三，纺织、家电等劳动密集型产业劳动生产率已经低于工业平均劳动生产率。在制造业转型升级的过程中，这些行业的成本优势已经不复存在，应该考虑如何提高行业生产率。一是提高行业集中度，做好行业的相关整合工作。二是在这些行业中试行"机器换人"，运用新技术改造传统产业，不断提高产品的附加值。对纺织、家电行业生产设备进行整机系列化的改造。做到根据不同的生产环节配置不同类型的机器人，如搬运的机器人，焊接的机器人、装配的机器人、喷涂的机器人；同时对生产线进行数字化改造（见表5-2、表5-3）。

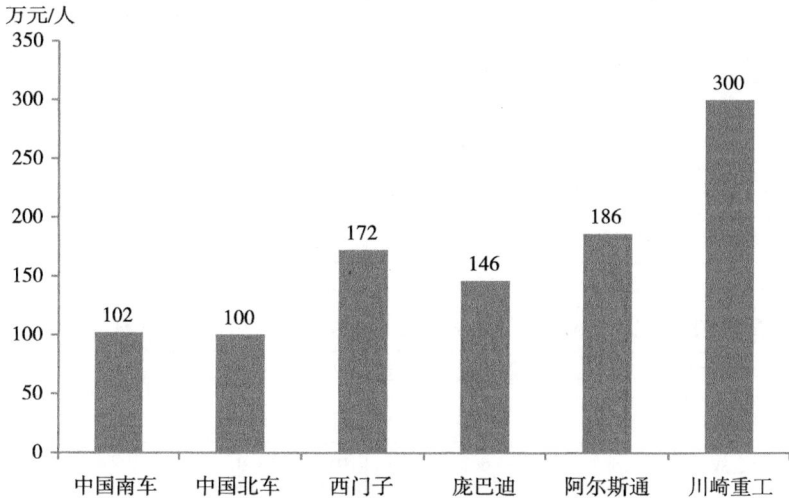

图 5-1　2012 年全球知名轨道交通装备企业劳动生产率

（数据来源：《中国南北车年鉴2013》）

表 5-1　2012 年全球机车车辆市场占有率　　　　单位：%

产品	中国南车	中国北车	南北车	西门子	庞巴迪	阿尔斯通
高速列车	14	5	19	8	10	22
电力机车	15	19	34	6	18	4
电动车组	2	1	3	5	30	12
客车	16	11	27	1	6	1
轻轨车	29	36	65	13	27	22
地铁	15	21	36	3	13	14

资料来源：2013 年版《世界铁路技术装备市场》。

表 5-2　制造业劳动生产率　　　　　　　单位：万元/人

行业名称	2005 年	2006 年	2007 年	2008 年	2009 年	2010 年	2011 年	2012 年
农副食品加工业	12.3	14.6	17.5	17.9	19.3	20.9	25.8	28.5
食品制造业	9.7	11.5	13.8	14.8	16.0	17.6	21.6	23.9
饮料制造业	13.1	15.6	18.6	20.5	22.1	24.0	28.6	31.2
烟草制品业	104.7	125.3	156.8	176.0	186.7	204.8	257.4	271.3
纺织业	5.5	6.4	7.8	8.8	10.0	11.0	13.8	18.9
纺织服装、鞋、帽制造业	4.1	4.9	5.5	5.9	6.6	7.8	11.1	10.6
皮革、毛皮、羽毛（绒）及其制品业	4.1	4.8	5.8	6.4	7.4	8.3	10.6	10.0
木材加工及木、竹、藤、棕、草制品业	6.1	7.5	9.7	10.1	11.9	13.8	19.4	21.7
家具制造业	5.4	6.0	7.1	7.4	8.5	9.3	11.8	13.6
造纸及纸制品业	8.8	10.3	12.6	13.7	14.9	17.3	22.5	25.7
印刷业和记录媒介的复制	6.9	8.1	9.6	10.0	10.8	12.4	17.9	19.8
文教体育用品制造业	3.5	4.1	4.6	5.2	6.1	6.8	9.3	6.2
石油加工、炼焦及核燃料加工业	26.6	30.1	38.4	39.8	42.1	43.9	47.8	52.0
化学原料及化学制品制造业	12.9	15.1	19.3	19.9	22.1	24.5	30.9	34.6
医药制造业	12.4	13.9	16.6	18.8	20.1	22.2	26.8	29.3
化学纤维制造业	11.4	13.9	17.9	19.4	23.1	25.0	27.8	31.2
非金属矿物制品业	6.7	8.6	10.8	12.0	13.4	15.6	20.5	22.9
黑色金属冶炼及压延加工业	20.1	23.7	29.6	32.9	34.9	37.6	44.2	41.8
有色金属冶炼及压延加工业	14.8	23.4	28.7	28.8	33.6	36.4	43.3	50.8
金属制品业	7.6	9.0	11.0	11.2	12.5	14.3	19.6	20.3
通用设备制造业	8.4	10.0	12.1	12.8	14.3	16.2	21.9	27.6
专用设备制造业	7.6	9.8	12.0	12.7	14.2	16.4	21.4	24.4
交通运输设备制造业	10.9	13.2	17.1	18.0	20.1	22.0	25.8	25.8
电气机械及器材制造业	9.7	11.4	13.5	14.3	15.7	17.1	20.8	23.9
通信设备、计算机及其他电子设备制造业	13.0	14.0	13.5	13.9	14.8	15.4	17.7	19.8
仪器仪表及文化、办公用机械制造业	8.3	9.8	10.9	11.9	12.5	13.9	17.1	NA
废弃资源和废旧材料回收加工业	14.1	17.2	24.4	15.3	20.3	26.2	28.7	35.0

注：NA 代表数据缺失。

表 5-3　劳动生产率增速　　　　　　　　　　　　　　　单位：%

行业名称	2006 年	2007 年	2008 年	2009 年	2010 年	2011 年	2012 年
农副食品加工业	18.6	19.8	2.4	7.4	8.7	23.0	10.8
食品制造业	18.6	20.4	7.7	7.7	10.1	22.7	10.8
饮料制造业	19.2	19.5	9.9	8.0	8.4	19.1	9.3
烟草制品业	19.7	25.2	12.2	6.0	9.7	25.6	5.4
纺织业	17.4	21.9	12.4	13.8	9.9	25.5	36.9
纺织服装、鞋、帽制造业	18.4	12.6	7.6	11.4	19.4	42.4	-5.2
皮革、毛皮、羽毛（绒）及其制品业	15.7	20.6	11.9	15.2	12.2	26.8	-5.3
木材加工及木、竹、藤、棕、草制品业	22.1	29.7	4.1	17.4	16.1	41.0	12.0
家具制造业	10.7	18.5	5.1	14.4	9.1	27.5	14.5
造纸及纸制品业	16.8	22.5	8.4	9.4	16.0	29.7	14.1
印刷业和记录媒介的复制	16.8	18.2	5.0	7.9	14.6	43.9	11.1
文教体育用品制造业	17.5	14.3	12.5	15.8	12.0	37.3	-33.7
石油加工、炼焦及核燃料加工业	13.1	27.4	3.5	5.8	4.4	8.7	8.9
化学原料及化学制品制造业	16.8	27.9	3.1	11.0	10.8	26.0	12.1
医药制造业	12.0	20.0	13.0	7.1	10.3	20.5	9.5
化学纤维制造业	22.3	28.4	8.8	18.9	8.3	11.1	12.3
非金属矿物制品业	27.7	26.1	11.3	11.6	16.1	31.5	11.7
黑色金属冶炼及压延加工业	17.7	25.1	11.3	5.9	7.7	17.6	-5.4
有色金属冶炼及压延加工业	58.4	22.6	0.4	16.7	8.4	19.1	17.3
金属制品业	18.2	22.8	1.8	11.9	13.9	37.4	3.4
通用设备制造业	20.1	21.0	5.6	11.7	13.4	35.0	25.8
专用设备制造业	28.0	22.2	6.1	11.9	15.3	30.5	14.3
交通运输设备制造业	21.2	29.6	5.4	11.6	9.8	16.9	0.3
电气机械及器材制造业	17.4	17.9	6.4	9.7	8.6	21.6	15.1
通信设备、计算机及其他电子设备制造业	7.8	-3.9	3.0	6.7	3.7	15.2	12.2
仪器仪表及文化、办公用机械制造业	18.5	11.0	9.6	4.8	11.4	22.9	NA
废弃资源和废旧材料回收加工业	21.6	42.0	-37.5	33.3	28.7	9.5	22.2

注：NA 代表数据缺失。

二、制造业资本结构的变动测算

分析资本结构的变动，常用的指标包括三个：固定资产原值，（年末）固定资产净值和固定资产净值年平均余额。考虑到固定资产在使用过程中会发生损耗，我们选取固定资产净值作为资本投入的指标，根据固定资产净值计算制造业资本结构变动指数和制造业资本结构信息熵。固定资产净值数据来自《中国工业统计年鉴》，即工业固定资产原价扣减累计折旧所得。

我们用熵值来描述和揭示固定资产数据中蕴含的信息，熵是刻画空间信息的重要特征量，根据熵的特性，可以通过计算熵值来判断一个事件的随机性和无序程度，也可以用熵值来判断某个指标的离散程度。制造业资本结构信息熵的公式可以表示成 $T = \sum_{i}^{n} P_i \log (1/P_i)$，其中，$P$ 代表某个子行业制造业资本占总资本的比重（某类产业资本在总资本中出现的概率）。各行业固定资产净值占比计算结果见表 5-4。

重工业主导投资走向、决定投资的行业分布，制造业资本结构"偏重"的格局基本形成。从各行业资本比重看，2003—2012 年间，石油加工、非金属矿物制品、钢铁、有色、装备制造等资金、技术密集型产业投资比重明显上升，纺织鞋帽、家具制造、造纸印刷等劳动密集型制造业资本比重呈现下降趋势。从制造业资本结构信息熵的计算结果看，自 2005 年以后，信息熵基本围绕 2.9 左右上下小幅波动，表明制造业资本投入结构已经趋于"平衡"与"稳态"。这两个特点，也符合典型工业化国家制造业内部结构演进的基本规律：随着人均 GDP 上升，资本、技术密集型产业投资比重持续上升，并在相当长一段时间内趋于稳定，而以纺织业、食品工业为代表的劳动密集型产业投资占比则呈现回落态势。

表 5-4　各行业固定资产净值占比　　　　　　　单位：%

行业名称	2003 年	2004 年	2005 年	2006 年	2007 年	2008 年	2009 年	2010 年	2011 年	2012 年
农副食品加工业	3.5	3.5	3.6	3.6	3.7	4.0	4.2	4.2	4.3	4.7
食品制造业	2.0	2.0	2.0	2.0	2.0	2.0	2.0	1.9	2.0	2.1
饮料制造业	2.9	2.7	2.3	2.2	2.1	2.1	2.0	1.9	2.0	2.1
烟草制品业	1.5	1.4	1.2	1.0	0.8	0.8	0.7	0.7	0.7	0.7

续表

行业名称	2003 年	2004 年	2005 年	2006 年	2007 年	2008 年	2009 年	2010 年	2011 年	2012 年
纺织业	7.1	7.0	6.8	6.5	6.3	5.8	5.1	4.8	4.6	4.4
纺织服装、鞋、帽制造业	1.6	1.6	1.6	1.6	1.6	1.6	1.4	1.4	1.3	1.6
皮革、毛皮、羽毛（绒）及其制品业	0.9	0.9	0.9	0.9	0.9	0.8	0.8	0.7	0.7	0.9
木材加工及木、竹、藤、棕、草制品业	0.9	0.9	1.0	0.9	1.0	1.1	1.0	1.1	1.0	1.1
家具制造业	0.5	0.5	0.6	0.6	0.7	0.6	0.6	0.6	0.6	0.7
造纸及纸制品业	3.5	3.5	3.8	3.6	3.4	3.3	3.0	2.9	2.9	2.9
印刷业和记录媒介的复制	1.3	1.3	1.3	1.2	1.1	1.0	1.0	0.9	0.7	0.8
文教体育用品制造业	0.5	0.5	0.5	0.5	0.5	0.5	0.4	0.4	0.4	0.8
石油加工、炼焦及核燃料加工业	5.3	5.0	5.0	4.9	4.6	4.2	4.9	5.0	4.9	5.0
化学原料及化学制品制造业	11.0	10.4	10.5	11.0	10.9	10.7	11.1	11.1	11.6	12.2
医药制造业	2.9	3.0	3.0	2.9	2.7	2.5	2.4	2.3	2.3	2.5
化学纤维制造业	1.9	1.9	2.0	1.8	1.7	1.4	1.2	1.0	1.2	1.2
非金属矿物制品业	7.8	7.9	7.9	7.6	7.4	7.6	7.7	7.9	8.4	8.8
黑色金属冶炼及压延加工业	12.0	12.0	12.3	13.2	13.6	13.2	13.7	13.1	12.7	13.5
有色金属冶炼及压延加工业	3.8	4.0	4.3	4.3	4.5	4.9	4.9	5.1	5.3	5.6
金属制品业	2.3	2.4	2.4	2.4	2.5	2.8	2.8	2.8	2.8	3.6
通用设备制造业	4.2	4.2	4.2	4.3	4.4	5.0	5.0	5.5	5.1	4.7
专用设备制造业	3.1	3.0	2.9	2.9	3.0	3.3	3.3	3.4	3.5	3.8
交通运输设备制造业	7.3	7.3	7.1	7.3	7.5	7.6	8.0	7.8	8.3	2.7
电气机械及器材制造业	4.2	4.2	4.3	4.2	4.3	4.5	4.7	4.9	5.2	5.7
通信设备、计算机及其他电子设备制造业	6.7	7.7	7.9	7.7	8.0	7.6	6.9	7.9	6.5	7.1
仪器仪表及文化、办公用机械制造业	0.9	0.9	0.9	0.9	0.9	0.9	0.8	0.9	0.8	0.8
废弃资源和废旧材料回收加工业	0.0	0.0	0.0	0.1	0.1	0.1	0.2	0.2	0.2	0.2

综合两个指标判断，在制造业"偏重"格局下，制造业资本投入信息熵变动进入稳定状态，转型升级与结构调整应该尊重这一基本规律，即在传统产业（如钢铁、化工、装备制造业等行业）现有基础上进行改造、提升，而不是另起炉灶，或者"去重工业化"，因产能过剩将重化工业一概否定，否则犹如"给婴儿洗澡后，把婴儿连同脏水一起倒掉"。

三、变动程度与变动速度的测定

制造业结构变动的程度，通常用结构变化值衡量。制造业结构变化值的计算公式如下：

$$Q = \sum |X_{it} - X_{i0}|$$

其中，Q 代表制造业结构的变化值，代表样本期末制造业中第 i 类产业占制造业总产值的比重，代表样本期初制造业中第 i 类产业占制造业总产值的比重。制造业结构变化值仅反映制造业结构变动的总体程度，但是其缺点是不能反映制造业结构变动的方向。

反映制造业结构变化速度的计算公式为

$$V_i = \frac{Q_i}{T_i}$$

其中，是 i 时段制造业变化的速度，为 i 时段制造业结构的变化值，为 i 时段所经历的年份数。

为尽可能统一口径，结合数据的可获得性，以 3 年为一个时间段，分为 2004—2006 年；2007—2009 年；2010—2012 年。从表 5-5 中可以看出，我国制造业结构调整的速度逐渐加快，2004—2006 年变动速度为 9.7%，特别是 2010—2011 年（金融危机后），仅仅两年时间，制造业结构变动值高达 32.7%，结构变化速度为 16.4%。在变化速度方面明显快于前两个时期（见表 5-5）。体现了危机倒逼结构调整，危机是结构调整速度加快的动力所在。

表 5-5 制造业结构变化值和结构变化速度

时间	结构变化值（%）	结构变化速度（%）	GDP 年均增速
2004—2006 年	29.1	9.7	11.4
2007—2009 年	42.3	14.1	11
2010—2012 年	32.7	16.4	9.3

四、变动方向与变动强度的测定

我们用制造业结构变化的趋势值反映制造业结构变动方向与变动强度，结构变化趋势值的计算公式为

$$G_j = \frac{X_{ij}}{X_{0j}}$$

其中，代表产业 j 从期初 0 到期末 i 的变化趋势值，分别为样本期末、样本期初第 j 产业的比重。根据公式可知，G 的取值有三种，等于 1，大于 1，小于 1，分别代表的含义为制造业结构比重不变，上升（扩张），下降（收缩）。

通过计算制造业 28 个行业的结构变化趋势值，我们得出以下几点结论（见表 5-6）：

首先，我国制造业结构调整呈现渐进式调整的特点。各个行业变动取值情况都围绕 1 上下波动，总体来看（除废弃资源加工业的结构变动强度较大外），制造业结构变动强度变动较为平稳。

表 5-6 制造业结构变化趋势值 单位：%

行业名称	2004 年	2005 年	2006 年	2007 年	2008 年	2009 年	2010 年	2011 年
农副食品加工业	1.09	0.98	0.95	1.00	1.09	1.18	1.16	1.21
食品制造业	1.01	0.93	0.93	0.93	0.94	1.04	1.01	1.03
饮料制造业	0.86	0.78	0.78	0.80	0.78	0.87	0.83	0.89
烟草制品业	0.82	0.72	0.65	0.59	0.56	0.57	0.53	0.51
纺织业	1.06	0.93	0.89	0.85	0.78	0.77	0.75	0.71
纺织服装、鞋、帽制造业	0.96	0.82	0.81	0.78	0.77	0.79	0.73	0.67
皮革、毛皮、羽毛（绒）及其制品业	0.97	0.86	0.82	0.80	0.72	0.73	0.71	0.66
木材加工及木、竹、藤、棕、草制品	1.42	1.04	1.10	1.25	1.36	1.51	1.52	1.53
家具制造业	1.46	1.12	1.18	1.18	1.20	1.24	1.25	1.19
造纸及纸制品业	1.11	0.93	0.90	0.88	0.87	0.85	0.84	0.81
印刷业和记录媒介的复制	1.20	0.79	0.75	0.72	0.73	0.75	0.71	0.63
文教体育用品制造业	1.04	0.87	0.82	0.76	0.73	0.71	0.66	0.56
石油加工、炼焦及核燃料加工业	1.03	1.09	1.09	1.01	1.02	0.89	0.95	1.00
化学原料及化学制品制造业	1.07	1.00	0.99	1.02	1.03	1.04	1.06	1.11
医药制造业	0.82	0.83	0.78	0.77	0.76	0.85	0.83	0.87
化学纤维制造业	0.97	1.02	0.99	1.00	0.77	0.69	0.70	0.78
橡胶制品业	1.10	0.95	0.94	0.93	0.90	0.94	0.92	0.94

行业名称	2004 年	2005 年	2006 年	2007 年	2008 年	2009 年	2010 年	2011 年
塑料制品业	1.21	0.94	0.94	0.93	0.91	0.93	0.92	0.86
非金属矿物制品业	1.24	0.92	0.93	0.97	1.04	1.14	1.15	1.20
黑色金属冶炼及压延加工业	1.22	1.21	1.14	1.18	1.25	1.11	1.05	1.08
有色金属冶炼及压延加工业	1.24	1.26	1.63	1.78	1.65	1.50	1.61	1.70
金属制品业	1.16	0.96	0.99	1.04	1.09	1.08	1.06	1.02
通用设备制造业	1.27	1.05	1.08	1.13	1.21	1.24	1.25	1.21
专用设备制造业	1.07	0.90	0.93	0.97	1.06	1.14	1.15	1.15
交通运输设备制造业	0.91	0.79	0.82	0.85	0.83	0.97	1.01	0.95
电气机械及器材制造业	1.07	0.99	1.03	1.07	1.08	1.11	1.12	1.09
通信设备、计算机及其他电子设备制造业	1.01	0.96	0.94	0.87	0.78	0.73	0.71	0.68
仪器仪表及文化、办公用机械制造业	1.04	0.96	0.97	0.92	0.85	0.81	0.80	0.79
工艺品及其他制造业	1.14	0.88	0.87	0.91	0.88	0.89	0.88	0.93
废弃资源和废旧材料回收加工业	3.68	3.32	3.78	4.79	6.39	7.50	9.40	8.85

其次，重化工产业波动幅度相对较大。从表5-6中可以看出，劳动密集型产业结构变化幅度都不是很大，而资本密集型产业结构变化幅度相对较大。钢铁、有色、建材、石化、专用设备制造业结构变化程度大于纺织、家电、食品、饮料等行业。测算结果表明，一方面，我国过去结构调整的主战场也主要集中在重化工业，转型升级的重点领域和努力方向是正确的。今后的努力重点是消除这些行业内部不同子行业、不同区域、不同类型的企业之间的要素错配，从而提高劳动生产率。另一方面，资本密集型产业结构变化幅度较大，也客观反映出投资随意性强、波动幅度大的问题。

五、主导产业选择——广东案例

综合考虑与周边省市的产业比较优势、对经济发展贡献度以及关联效应、环境效应，结合主导产业选择结构模型的测算结果，未来5~10年，广东工业发展的重点在特色轻工业，转型的关键在能源、资源深加工业，升级的亮点在战略性新兴产业。

（一）测算依据

主导产业是指在一定时期内，在一国或地区的国民经济中占有较大比重，对产业结构和经济发展起着导向性和带动性作用并具有较大增长潜力的产业。一般而言，主导产业通常由经济所处的发展阶段及所具有的资源、人力、区位禀赋等因素决定，并随经济发展阶段及资源禀赋的变化而不断地演进。

按照主导产业选择理论，除了应考虑经济发展所处的阶段外，还需要重点考虑以下几个方面的因素：

一是竞争性。主导产业应能较充分发挥广东的比较优势，即所选择的主导产业能够充分利用广东的资源、劳动力等禀赋优势。为反映广东工业的竞争力，我们采用区位熵理论来判断未来一段时期的工业发展方向。区位熵的计算方法为：$LQ_{ij} = \dfrac{E_{ij}/E_j}{E_i/E}$。其中，$E_{ij}$ 为 j 地区第 i 部门的工业总产值，E_i 为全国第 i 部门的工业总产值，E_j 为 j 地区工业总产值，E 为全国工业总产值。当 LQ_{ij} 大于 1 时，则认为第 i 产业是 j 地区的专业化部门，LQ_{ij} 越大则专业化程度越高。

二是带动性。即要求主导产业的发展能够带动整体经济实现较快发展。通常采用经济增长贡献率指标来代表产业发展对经济总体的带动能力，其计算方法为：$R = a \times z/P$。其中，a 为各产业增加值占工业增加值的比重，z 为各产业工业增加值增速，p 为工业增加值增速。

三是关联性。主导产业应该对其他产业发展有较强带动能力。产业关联度一般用产业影响力系数和产业感应度系数来衡量。其中，影响力系数指产业最终需求增加一个单位对国民经济其他部门需求的影响程度，而感应度系数则指国民经济其他部门最终需求都增加一个单位，主导产业需求增加程度。影响力系数和感应度系数可以通过全国或地区投入产出表计算获得。

四是可持续性。该条件要求产业发展能耗水平低，对资源依赖程度轻，同时各种废弃物排放要少。一般而言，单位产值能耗越低的产业，其发展对生态环境的负面影响越小，反之依然。

（二）基本结论

区位熵测算结果显示，目前广东的优势产业主要集中在纺织服装、食品饮料、家具制造、家用电器、金属制品、交通运输设备制造等行业。这些行业多是传统产业，但传统产业不是夕阳产业，传统产业也有高技术、高附加值的环节，经过改造提升还大有作为。因此，广东制造业转型升级可坚持多元发展的思路，既要突出节能、降耗、减排，也应加大科技研发投入，向价值链两端环节延伸，引导企业向微笑曲线两端延伸提升品质，采用新技术、新设备，提高生产效率，实现传统产业向高端化、高档化发展。

从贡献率的测算结果看，从 2003—2012 年的情况来看，通信设备、计算机及其他电子设备制造业，电气机械及器材制造业，金属制品业，交通运输设备制造业四个产业的发展对广东工业经济发展的带动能力最强，合计贡献率达 38%。因此，上述四个行业是支撑广东制造业转型升级的主要力量。

从影响力系数和感应度系数看，金属冶炼、化学原料、通用专用设备制造、电子信息产品制造、电气机械、仪器仪表等行业对其他行业的影响力系数较高，亦即这些行业对其他产业的发展有较强的带动能力。因此，从产业关联性看，目前广东的产业选择还不能放弃传统的重化工业，而应以升级淘汰落后、以改造代替关停。

从单位增加值能耗水平看，广东的电气机械及器材制造业、通信设备、计算机及其他电子设备制造业、交通运输设备制造业、废弃资源和废旧材料回收加工业、烟草等行业的发展能耗水平最低，对生态环境的影响相对较小。与这些行业相比，建材、钢铁、化工、造纸等行业发展的能耗水平较高，对广东生态环境的负面影响大。因此，从可持续发展的角度看，广东制造业转型升级应加快传统产业升级改造，走精细化发展道路，不能再走"低端进入、规模扩张"的老路子。

综合以上多因素分析，先进装备制造产业、电子信息产业、循环经济产业是广东省制造业转型升级的主导产业，这些传统产业通过技术改造、设备更新，有望为广东省建设智能制造装备产业基地、先进装备制造业产业带奠定坚实基础（见表 5-7）。

表 5-7　相关指标

指标名称 行业名称	区位熵	贡献度	单位增加值能耗 （吨标煤/万元）	影响力系数
废弃资源和废旧材料回收加工业	2.9631	0.0059	0.2019	0.6687
文教体育用品制造业	2.9059	0.0236	0.3785	1.21323
通信设备、计算机及其他电子设备制造业	2.9007	0.2228	0.2501	1.5468
家具制造业	2.0082	0.0115	0.3559	1.4919
工艺品及其他制造业	1.9124	−0.0002	1.2293	1.24145
印刷业和记录媒介的复制	1.7182	0.0086	0.4830	1.23145
电气机械及器材制造业	1.6986	0.0664	0.2968	1.40124
纺织服装、鞋、帽制造业	1.5797	0.0271	0.4010	1.01848
皮革、毛皮、羽毛（绒）及其制品业	1.4917	0.0101	0.3583	1.10721
金属制品业	1.4555	0.0484	0.5560	1.30581
橡胶制品业	1.3902	0.0276	0.8987	NA
仪器仪表及文化、办公用机械制造业	1.3179	0.0061	0.4306	1.46391
造纸及纸制品业	1.2107	0.0126	2.6803	1.20313
交通运输设备制造业	1.2083	0.0496	0.2016	1.36247

注：NA 代表数据缺失。

六、价值链视角下优势产业分析

　　经济全球化的发展使资源在全球范围内优化配置，使世界各国在生产、分配、流通、消费等领域的经济联系日益密不可分，处于生产过程不同环节的企业及所在国家进行着从设计、产品开发、中间产品及最终产品的制造等各种增值活动，其相应创造的价值也并不均衡，由此产生了全球价值链的概念。各国间形成了以产品价值链为链接的纽带，并取得相应环节的增值收益，跨国分工的形成导致中间投入品贸易的快速增长。

　　改革开放以来，特别是加入世界贸易组织（WTO）以后，中国以高投资和廉价劳动要素投入为特征的模式融入全球价值链，并专注于劳动密集型、微利化、低技术含量的生产、加工、制造或组装，不仅实现了贸易量的迅速扩大和制造业的高速成长，而且推动了中国尤其是东部沿海地区经济全球化程度的加深和地区工业化水平的提高。自 2009 年起，中国已连续6 年成为全球最大的货物出口国，出口总额已经占世界贸易总额的 11% 左右。然而，传统的贸易统计方法并不能真实地反映中国在全球价值链中的地位和国际贸易所得中的分配。以国为单位的传统通关统计无法正确反映国际产品分工链条中各国的实际价值创造。

贸易增加值的核算方法（KWW）是在 2013 年提出的，该法基于世界投入产出表，从总出口的视角，将一国的出口为国内增加值和国外增加值，同时根据投入产出表的行向平衡关系，一国的总产出被用于中间需求和最终消费，并且中间需求可分为国内生产需求和国外生产需求出口，最终消费可分为国内最终消费和国外最终消费出口。再将出口按用途分为以下四大类：①用于直接进口国的最终需求；②作为中间品用于直接进口国满足自身最终需求的生产；③作为中间品用于直接进口国的再加工，然后出口至第三国；④作为中间产品用于直接进口国的再加工，再出口回本国。因此，最终可将一国出口所包含的国内增加值及国外增加值按出口用途细分，并扣除重复计算的国内及国外增加值，最终得到所需的国内增加值以及国外增加值的各项结果，实现总出口的完全分解。

中国制造业贸易增加值总量居全球第一。中国制造业逐步超越日本、美国和德国等发达经济体，成为全球主要经济体中贸易增加值最大的经济体。1995 年，中国制造业贸易增加值仅为 1117.7 亿美元，居全球主要经济体第八位，其他制造业贸易增加值从高到低依次为德国、美国、日本、法国、英国、意大利和英国；1997 年，中国制造业贸易增加值达到 1366.3 亿美元，仍然居全球第八位，此时，美国制造业贸易增加值超过德国，成为全球制造业贸易增加值最大的经济体；2002 年中国制造业贸易增加值增长为 2156.2 亿美元，超过英国和意大利，居全球主要经济体第六位，2007 年中国贸易增加值保持快速增长的趋势，成为全球第二制造业贸易增加值国家，2011 年，中国制造业贸易增加值迅速增长到 12945.9 亿美元，超越德国和美国，成为全球主要经济体中制造业贸易增加值最大的国家（见表5-8）。

表 5-8　中国及若干发达国家制造业贸易增加值　　　　　　单位：亿美元

国家	1995 年	1997 年	2002 年	2007 年	2011 年
中国	1117.7	1366.3	2156.2	8043.4	12945.9
德国	3996.0	3862.0	4403.0	8766.3	9121.3
美国	3698.0	4409.8	4163.5	6664.7	8170.1

续表

国家	1995 年	1997 年	2002 年	2007 年	2011 年
日本	3652.9	3296.5	3213.7	4958.9	5597.7
法国	1986.2	2019.2	2164.1	3564.1	3654.7
意大利	1716.4	1787.9	1844.0	3363.3	3395.4
韩国	866.2	935.5	1066.3	2305.6	3000.3
英国	1702.3	2002.0	1857.3	2792.8	2702.0
加拿大	1088.5	1186.1	1425.3	2084.4	2154.7

中国制造业出口正在由依靠低技术制造业向中高技术制造业转变，高端制造业出口规模稳步提升。根据经济合作与发展组织（OECD）的分类标准，我们将制造业分为低技术制造业，中低技术制造业，中高技术制造业和高技术制造业。1995 年，我国低技术制造业贸易增加值为 550.3 亿美元，占当年我国制造业贸易增加值的 49.2%，中高技术和高技术制造业贸易增加值则为 95.9 亿美元和 263.1 亿美元，仅占我国制造业贸易增加值的 8.6%和 23.5%；到 2011 年，中高技术和高技术制造业贸易增加值分别达到 2654.7 亿美元和 4860.2 亿美元，高端制造业在我国制造业贸易增加值中的比重达到 58.0%，其中高技术制造业成为我国制造业中贸易增加值最多的行业，而低技术和中低技术制造业的比重则不断下降（见表 5-9）。

表 5-9　中国不同制造业类型在制造业中的比重　　　　单位：%

制造业类型	1995 年	1997 年	2002 年	2007 年	2011 年
低技术	49.2	44.0	38.8	29.5	28.7
中低技术	18.6	19.9	15.9	14.1	13.2
中高技术	8.6	13.6	14.2	18.7	20.5
高技术	20.5	23.5	22.5	31.2	37.7

中国高端制造业的出口增加值率总体上仍然低于欧美等发达经济体。2011 年我国高技术制造业的出口增加值率为 674 美元，美国、日本及德国则分别为 805 美元、822 美元及 676 美元，对于低技术制造业而言，2011 年我国的出口增加值率为 851 美元，远远高于美国和德国的 817 美元和 726 美元。其他年份的数据比较如表 5-10 所示。

中国主要以"后向方式"参与全球价值链。所谓"后向方式"是指，一国的出口产品需要进口大量的中间产品作为原材料，通过对进口中间品加工组装或贴牌生产后，再出口给其他国家。这种方式对进口的依赖度较高，通常是发生在新兴工业化国家，处于全球价值链的低端。数据测算表明，我国主要进行加工组装或贴牌生产，以"后向方式"参与到全球价值链中，对进口中间品的依赖性较强，后向垂直专业化率高。中国的后向垂直专业化率较高且增长较快，特别是在2002—2007年，中国参与全球价值链的程度明显加深，后向垂直专业化率上涨7个百分点，到2007年达到24.7%后，2011年有小幅下降，1995—2011年中国的后向垂直专业化率为15.8%、14.1%、17.9%、24.7%和21.8%。而美国、日本等发达经济体的后向垂直专业化率则远远低于新兴工业化经济体，1995—2011年的后向垂直专业化率仅分别为9.6%、9.6%、9.4%、13.3%和14.9%及6.3%、8.1%、9.2%、15.4%和17.0%。

表5-10　制造业出口增加值率　　　　　单位：%

制造业类型	国家	1995年	1997年	2002年	2007年	2011年
低技术	中国	834	859	840	836	851
	美国	855	843	827	814	817
	日本	907	900	903	859	858
	德国	800	792	782	743	726
高技术	中国	773	791	699	621	674
	美国	745	750	744	741	805
	日本	915	895	878	828	822
	德国	787	780	735	691	676

　　从制造业结构来看，除了传统的中低技术制造业外，中国中高技术制造业也主要是通过后向方式参与全球价值链，并且高技术制造业的参与程度最高。1995—2011年，传统制造业如造纸及纸制品业，印刷和记录媒介的复制业，橡胶和塑料制品业和金属制品业的后向垂直专业化程度不断加深；对于电气机械及器材制造业和化学原料及化学制品制造业、化学纤维制造业的后向垂直专业化程度虽然低于传统的中低技术制造业，但呈现加速上升的趋势，1995—2011年其后向垂直专业化率分别为12.1%、13.1%、15.8%、15.6%和16.1%及14.6%、19.8%、23.6%、24.1%和19.3%。

　　中国制造业的出口竞争力仍然集中在传统低附加值行业，但这些行业的比较优势已经呈现下降趋势。从贸易增加值的比较优势（RCA）来看，中国最具有出口优势的部门主要为纺织业，纺织服装鞋帽皮革羽绒及其制品业，橡胶和塑料制品业和非金属矿物制品业等传统的中低技术制造业，但比较优势在不断地下降；此外，代表转型升级方向的中高技术制造业的出口优势在增强，主要为电气机械及器材制造业（1.39、1.29、1.68、2.58、2.58）。

装备制造业、重化工业的高端环节是提升出口竞争力的努力方向（表5-11）。首先，从发展中国家的情况看，韩国出口显示性比较优势最强的部门为电气机械及器材制造业（1.92、1.65、1.98、2.32、2.28）和交通运输设备制造业（1.12、1.29、1.54、2.15、2.66），且比较优势不断增强。其次，从发达国家的情况看，日本比较优势较强的部门为水上运输业和批发业，制造业中最具比较优势的部门分别为通用专用设备制造业（1.70、1.62、1.58、1.51、1.70），电气机械及器材制造业（1.89、1.85、1.76、1.73、1.57）和交通运输设备制造业（1.98、1.87、2.19、2.46、2.53）。美国出口竞争力最强的部门为电气机械及器材制造业（1.12、1.18、1.10、1.05和3.56），通用专用设备制造业（1.01、1.07、1.07、1.11、1.09）。首先为德国电力、煤气及水的生产和供应业的竞争力最强（1.10、1.43、2.20、2.73、2.96），且比较优势不断增强，其次为交通运输设备制造业（1.76、1.74、1.92、1.96、2.08）、通用专用设备制造业（1.94、1.96、1.91、1.97、2.07）和化学原料及化学制品制造业、化学纤维制造业（1.55、1.57、1.30、1.48、1.47）。

表5-11 中国、美国与德国高端制造业 RCA 指数比较

制造业类型	部门	中国		美国		德国	
		2007 年	2011 年	2007 年	2011 年	2007 年	2011 年
中高技术	化学原料及化学制品制造业	0.61	0.68	0.95	1.36	1.48	1.47
	通用专用设备制造业	1.02	1.10	1.11	1.09	1.97	2.07
	交通运输设备制造业	0.41	0.56	1.15	0.48	1.96	2.08
高技术	电气机械及器材制造业	2.58	2.58	1.05	3.56	1.05	1.04

七、人力资本对制造业结构升级影响的定量分析

在人口老龄化与高等教育大众化的双重背景下，我国劳动力供给数量有所减少，但人均受教育年限正迅速延长，人力资本结构与水平正发生前

所未有的深刻变化，并将对制造业结构产生深远影响。本章基于 2000—2019 年的数据，对人力资本积累影响制造业结构升级的效应进行实证检验，结果表明：人力资本积累对中、高技术制造业影响显著为正，而对低技术制造业影响显著为负，这说明人力资本积累能有效促进制造业结构升级。因此，我国应多途径、多举措加速人力资本积累，以促进制造业结构优化与转型升级。

（一）模型构建

本课题按技术水平高低将制造业各细分行业划分为低、中、高技术制造业三大类，并将制造业结构升级界定为制造业产业内部高技术制造业占比不断上升，中技术制造业比重先升后降，而低技术制造业占比不断下降这样一个动态变化的过程。人力资本通常是指蕴含在劳动力上的体力、知识与技术技能等从事生产经营活动的能力的总称，通过影响劳动力成本、工资收入水平、要素禀赋结构、消费水平与消费结构、科技创新能力等多途径、多渠道作用于制造业结构升级。本课题选取 2000—2019 年制造业细分行业数据，通过构建多元回归模型，对人力资本影响制造业结构升级的作用机理与影响效应进行定量分析。

1. 模型构建

本课题以 S（Structure）表示制造业结构升级，用 E（Human capital）表示人力资本积累，则制造业结构升级可设置为人力资本积累的函数：

$$S = f(E) \qquad （式5-1）$$

除了人力资本积累以外，劳动、资本、技术等也是影响制造业结构优化的重要因素。因此，综合考虑现有研究成果与数据的可获得性，本课题以 L（Labor）表示劳动、用 C（Capital）表示资本、用 T（Technology）表示技术，将劳动力数量、技术进步和资本存量作为解释变量加入式5-1中：

$$S = f(E, L, T, C) \qquad （式5-2）$$

为减少多重共线性，消除量纲的影响，对原始数据进行对数化处理。式5-2可进一步写为

$$\ln(S_i) = \beta_{0i} + \beta_{1i}\ln(E) + \beta_{2i}\ln(L) + \beta_{3i}\ln(T) + \beta_{4i}\ln(C) + \varepsilon_i \qquad （式5-3）$$

其中，$\beta_{0i} \sim \beta_{4i}$ 为待估参数，i 表示三大类产业（$i=1, 2, 3$），ε 为随机扰动项。

2. 指标设定

制造业结构升级指标 S。表示低、中、高技术制造业产值占制造业总产值比重。在制造业内部，按照技术水平高低划分，将制造业分为低、中、高技术制造业。其中，低技术制造业包括食品加工制造、饮料、烟草、纺织、服装、皮革、木材、家具、造纸、印刷和文体用品及其他制造业；中技术制造业包括石油加工、炼焦及核燃料加工业、橡胶、非金属矿物、黑色金属冶炼、有色金属冶炼和金属制品等行业；高技术制造业包括通用设备、交通运输、专用设备、电气机械及器材、通信电子、仪器仪表及文化办公用机械、化工医药等行业。制造业结构升级表现为低技术制造业产值占比不断降低，中技术制造业产值占比先升后降，高技术制造业产值占比持续升高的动态过程。

人力资本（Human capital）指标 E。人力资本的定义有很多种，目前没有统一测度标准，本课题选择了多数学者使用的方法，以人均受教育年限表示人力资本水平。当年人均受教育年限 E（Eduyears）＝（当年大专以上文化程度人数×16+当年高中文化程度人数×12+当年初中文化程度人数×9+当年小学文化程度人数×6）/当年劳动力总人数。

劳动力供给 L（Labor）：根据国家统计局标准，15～64 周岁人口数为适龄劳动人口数，本课题以该年龄区间的人口总数作为劳动力供给数量。

资本存量 C（Capital）：利用 GDP 平减指数对资本存量进行平减，本课题的基准年份为 2000 年。

技术进步 T（Technology）：本课题采用专利申请授权数作为技术进步的直接测度指标。

（二）模型统计结果检验和设定检验

根据数据可获得性，本课题选择的数据区间为 2000—2019 年的年度数据，将高、中、低技术制造业的占比作为被解释变量，分别构建各自的行为方程，测算人力资本的变动与各层次技术制造业占比的影响，同时测算相关影响因素，资本、劳动力和技术等变量对制造业结构升级的影响。

1. 模型统计结果检验

本课题构建的模型为多元回归模型，首先利用最小二乘法进行估计，其次将对模型的各项统计结果进行检验，对模型的统计检验包含的内容有很多，经常用到的基本检验主要包括变量的显著性检验、拟合优度检验和 D. W. 统计量检验。

高、中和低技术制造业占比的回归方程结果如下所示：

高技术制造业方程：

$$high = 5.97 + 0.06 \times \log(cap) - 0.60 \times \log(labor)$$
$$(t=3.82) \quad (t=4.98) \qquad (t=-4.64) \; +$$
$$0.14 \times \log(edu(-1)) + 0.01 \times \log(tech(-1))$$
$$(t=1.88) \qquad\qquad (t=1.42) \; +$$
$$0.01 \times Dhigh$$
$$(t=-4.04)$$

$R^2 = 0.99 \qquad D.W. = 2.07 \qquad AIC = -8.30 \qquad SC = -8.00$

中技术制造业方程：

$$midlle = -0.12 \times d\log(cap(-1)) + 0.96 \times d\log(labor)$$
$$(t=-2.35) \qquad\qquad (t=4.95) \; +$$
$$0.28 \times \log(edu) - 0.03 \times \log(tech(-1))$$
$$(t=5.63) \qquad\qquad (t=-3.09)$$
$$-0.02 \times Dmiddle + ar(1)$$
$$(t=-5.00) \qquad\qquad (t=19.5)$$

$R^2 = 0.95 \qquad D.W. = 1.84 \qquad AIC = -7.34$

$SC = -7.04 \qquad AR\ Roots = 0.78$

低技术制造业方程：

$$low = -1.13 \times d\log(cap(-1)) + 0.12 \times \log(labor)$$
$$(t=-1.13) \qquad\qquad (t=3.10)$$
$$-0.29 \times \log(edu(-1)) - 0.01 \times \log(tech(-1))$$
$$(t=-1.95) \qquad\qquad (t=1.16) \; +$$
$$0.02 \times Dmiddle + ar(1)$$
$$(t=3.82) \qquad (t=6.93)$$

$R^2 = 0.97 \qquad D.W. = 1.84 \qquad AIC = -6.93$

$SC = -6.64 \qquad AR\ Roots = 0.80$

——变量的显著性检验（t 检验）

t 检验是检验变量的显著性，即某一个解释变量 X_i 是否对因变量 Y_i 具有显著影响，原假设：该系数 β_i 为 0，备选假设：系数 β_i 不等于 0。如果原假设成立，表明解释变量 X_i 对因变量 Y_i 可能并没有显著的影响。从高、中、低技术制造业的方程估计结果看，主要解释变量的 t 统计量都比较显著，基本通过了 5% 的显著性假设检验，表明方程选择的解释变量，资本、技术、人力资本和劳动力确实能够解释高、中、低技术制造业占比的变动。

——拟合优度检验（R^2 统计量）

利用线性回归模型计算的解释变量 X_i 对因变量 Y_i 的变动解释的效果如何，即模型的估计值或称拟合值对实际值拟合的好坏，可以通过 R^2 统计量来衡量，它刻画了解释变量所解释的因变量的变动占因变量实际波动的占比。本课题构建的三个方程，拟合优度 R^2 分别为 0.99、0.95 和 0.97，表明利用解释变量估计出来的拟合值能够刻画高、中、低技术制造业占比的 95% 以上的波动，说明方程的拟合程度比较理想。

——序列相关检验（D. W. 统计量）

Durbin-Watson 统计量（D. W. 统计量）用来检验随机误差项是否存在一阶序列相关，一般来讲 $DW \approx 2(1 - \hat{\rho})$，因此 D. W. 值在 2 左右，可以判定估计的方程的残差不存在一阶序列相关，高、中、低技术制造业方程的统计结果中，D. W. 值分别为 2.07、1.84 和 1.84，表明这三个方程的残差不存在一阶序列相关性。

2. 模型设定检验

模型的构造和估计方法是在一定的假设基础上选择的，如果模型数据并不符合假设，就意味着选择的估计方法并不正确。因此在模型构建后，还需要对模型的设定进行检验，主要是异方差性检验、方程显著性检验和稳定性检验。

——异方差性检验（BPG 检验）

异方差性检验选择 Breusch-Pagan-Godfrey（BPG）异方差检验法，Breusch-Pagan-Godfrey 检验是一种拉格朗日乘子检验（Lagrange Multiplier Test，LM），原假设：没有异方差性，备选假设：存在异方差（见表 5-12）。

表 5-12　方程的异方差性检验结果

制造业类型	F-统计量	概率 $Prob$	检验结果
高技术	1.122591	0.3929	接受原假设
中技术	0.490237	0.7779	接受原假设
低技术	2.055509	0.1325	接受原假设

BPG 异方差检验法检验结果显示，高、中和低技术制造业方程均拒绝原假设，表明这三个方程的残差均不存在异方差性。

——方程显著性检验（F 检验）

F 检验（F-test），是一种在零假设之下，统计值服从 F-分布的检验，是用来分析多参数的计量模型，以判断该模型中的全部或一部分参数是否适合用来估计被解释变量。原假设：方程系数至少有一个不为 0，备选假设：方程系数全部为 0（见表 5-13）。

表 5-13　方程的显著性检验结果

制造业类型	F-统计量	概率 Prob	检验结果
高技术	0.298733	0.9017	接受原假设
中技术	0.419777	0.6673	接受原假设
低技术	0.498859	0.6193	接受原假设

从检验结果看，三个方程的 F 统计量均接受原假设，表明所选择的解释变量能够解释高、中和低技术制造业占比的大部分波动，方程均具有整体显著性。

——协整检验（ADF 检验）

协整检验为检测构建的方程是否具有稳定的因果关系，本课题对三个方程的残差进行了单整检验。单位根检验选择的方法为 ADF 检验，原假设：序列存在一个单位根，备选假设：不存在单位根（见表 5-14）。

表 5-14　方程的稳定性检验结果

制造业类型	t-统计量	概率 Prob	检验结果
高技术	-7.246307	0.00	拒绝原假设
中技术	-3.296257	0.03	拒绝原假设
低技术	-3.296257	0.00	拒绝原假设

从检验结果看，三个方程残差的 ADF 检验都拒绝原假设，即残差不存在单位根，都是平稳序列，表明构建的方程残差是平稳的，方程不存在伪回归，方程的解释变量和被解释变量之间存在稳定的长期均衡关系。

（三）模型估计结果和结论

对模型统计结果和设定的相关检验表明本课题构建的模型是合理

的，解释变量和被解释变量之间存在长期稳定的均衡关系，可以利用该模型对我国高、中和低技术制造业技术占比的各影响因素进行定量分析。

1. 人力资本能够显著推动制造业结构升级

计算结果显示，人力资本对高、中和低技术制造业产值占比的影响系数分别为 0.14、0.28 和-0.12，即人力资本每提高 1%，会导致高、中和低技术制造业产值占比分别提高 0.14%、0.28% 和降低 0.12%。表明人力资本通过提高中、高技术制造业产值占比，降低制造业产值占比，能够显著促进制造业结构升级。这个计算结果是符合我国产业发展路径的。根据人力资本理论，随着人力资本的不断积累，劳动力工资收入水平会随之提高，劳动力成本随之上升，由于低技术制造业主要由劳动密集型制造业构成，其利润主要来源于丰裕且廉价的劳动力资源，对劳动力成本变化非常敏感，因此，随着劳动力成本的不断上涨，低技术制造业的利润率必然不断下降；与此同时，相对便宜的资本与技术要素也将不断挤占与替代相对昂贵的劳动要素，从而倒逼低技术制造业不断转型升级。

2. 高技术制造业占比将加速上涨

计算结果显示，影响高技术制造业占比的指标中，负相关的变量仅为劳动力，系数为-0.6，表明当劳动力供给减少 1% 时，高技术制造业占比将提高 0.6%；而人力资本、资本和技术进步对高技术制造业都是正向影响，系数分别为 0.14、0.06 和 0.01。从各影响因素看，从 2013 年开始，中国劳动力供给开始绝对地减少，2018 年开始出现加速下降的走势，结合其与高技术制造业的负相关系数，劳动力供给的减少将倒逼高技术制造业占比的提高；随着我国重视科学技术提高和创新，资本投入不断增加，人力资本、资本和技术进步三个指标呈现稳步上升的走势，给高技术制造业占比提高提供正向动力。影响高技术制造业的四个因素对其均为正向拉动作用，因此预计未来我国高技术制造业占比将呈现加速上涨趋势。

3. 中、低技术制造业的占比将继续降低

从中、低技术制造业方程的估计结果看，除了人力资本，其他三个影响指标的方向都是类似的，劳动力供给是正相关，资本和技术对占比的影响均为负。对于低技术制造业来说，随着劳动力供给减少、人力资本、资本和技术投入增加，其占比将持续降低；而对于中技术制造业来说，尽管人力资本的增加将给其带来正向拉动效应，但其他三个指标均带来负向冲击，并且负向指标的弹性和贡献度均大于正向指标，意味着中技术制造业的占比将继续降低。从技术行业看，影响中、低技术制造业占比的各因素弹性略有不同：中技术制造业占比的影响因素中，弹性最大的是劳动力供给，系数数值为 0.96，表明劳动力供给降低 1 个百分点，会导致中技术制造业占比降低 0.96 个百分点；而低技术制造业占比的影响因素中，弹性最大的资本，系数数值为 −1.13，表明资本投入增加 1 个百分点，会导致低技术制造业占比降低 1.13 个百分点。

第六篇　我国制造业转型升级的基本路径

第五篇的一系列测算表明，我国制造业转型升级的重点在于重化工业，热点在于提升行业内部的要素效率，因地制宜做好主导产业选择，难点在于摆脱"低端锁定"，改进参与全球价值链的方式，落脚点在于促进技术结构、组织结构、布局结构和行业结构的全面优化，实现由传统工业化向新型工业化道路转变。因此，我们认为，我国制造业转型升级的主要路径可以重点围绕淘汰落后、技术嫁接、创新创造（融合集成）和全面开放四个路径来进行总体设计，着力引导市场发挥决定性作用。

中国作为世界制造业大国，在转型升级发展方面存在不均衡的问题，需要多种路径并行才能实现制造业整体转型升级。在竞争力相对落后的传统领域，必须加快淘汰落后产能，鼓励先进产能发展壮大提高市场占有率，走集约发展道路；在具有相对比较优势的产业领域，要加强新技术对传统产业的嫁接，提高智力资本对产业增长的贡献，注重内涵式增长，向综合效益提升型转变；面对全球范围内新一轮产业革命的竞争，中国制造业还必须加强自主创新创造，在新的技术革命中实现核心技术创新的突破，创造出新的产业形态和市场需求，提升战略性新兴产业的比重。同时在全球化的时代，中国制造业要在全球范围内进行生产力布局，加强国际产能合作，并在全球范围内寻找并购机会以获得新的发展平台，努力向国际产业价值链高端迈进。

一、淘汰落后，释放先进产能活动空间

中国制造业过去粗放消耗型的增长模式是由整个经济发展模式决定的，也是由发展基础和发展要素条件决定的，有其必然性。在经济起飞初期，由于缺乏技术创新实力，中国只有依靠资源、能源的消耗走规模扩张的道路，才能满足经济建设对制造业产品的需求，也才能实现制造业自身的不断积累。但随着中国进入工业化后期，对外开放程度日益加深，中国

制造业面临全球范围的市场竞争，技术水平整体落后、竞争力低下的问题日益凸显，必须加快淘汰落后产能，鼓励先进产能发展壮大，提升先进产能的市场占有比重；同时要素成本的上升及环境压力的陡现，制造业的高污染、高消耗的规模扩张型的落后道路已经难以为继，必须向资源集约型、环境友好型的先进模式转变。

（一）淘汰落后产能，优化供给结构

目前，落后产能比较集中的产业领域是煤炭、钢铁、有色、石化、建材等工业，2015年上半年六大高耗能行业增加值占规模以上工业增加值的比重依然达到28.4%；从经济运行数据来看，这些行业大部分已经进入低速增长阶段，甚至达到产品消耗的顶峰，工信部的报告显示，国内对大宗原材料的市场需求已经进入峰值弧顶区，预计在经济新常态下，原材料工业产能过剩问题将长期存在；国家气候变化专家委员会副主任、清华大学原常务副校长何建坤预计，"十三五"期间钢铁、铝、铜、水泥、陶瓷、平板玻璃等高耗能产业都可能在2020年前后或者2020年之前达到峰值。整体上钢铁、石化、有色、建材等产业的扩张基本达到极限，倒逼行业加快转型调整，而这些行业的转型升级必须坚决淘汰落后产能，为先进产能的发展壮大释放市场空间。在需求约束增强的情况下，淘汰落后产能是通过强化供给管理的方式，推动产能过剩行业的市场均衡，提高资源配置效率。

（二）扩张先进产能，促进节能减排

淘汰落后产能、提高高技术、低污染、低能耗产能的比重是转变制造业发展方式、调整产业结构、提高制造业增长质量和效益的基本要求，也是加快节能减排、积极应对全球气候变化的迫切需要。通过提升先进产能的市场主导地位，能够有效改进产业整体的生产工艺技术水平，提高环保标准，增加在工艺设备、污染物治理等领域的投入，注重资源的节约及循环利用，降低资源、能源消耗强度和污染物排放水平。世界制造业的发展趋势已经越来越重视产业的绿色标准，全球消费者对环保产品的选择也更加严格，在国际贸易壁垒中环保标准的要求越来越高，这些都使得中国制造业走集约环保的道路成为紧迫任务，不仅是适应国际产业发展趋势，也是提高产品竞争力、塑造国际品牌的必然要求。

(三) 动态行业监测，提高淘汰标准

要有序进行落后产能的淘汰工作，必须建立健全行业的技术指标评价体系，制定行业准入门槛，制定完善相关的政策法规，加强行业的监测，严格执行环保、节能、安全、质量等法律规定和技术标准，对产能的技术水平、能耗水平、安全水平等进行客观评价，做到依法依规淘汰落后产能。

多年来，我国已经出台了一系列淘汰落后产能的政策法规，在淘汰落后方面已经取得了一定成效。随着淘汰落后产能工作的深入进行，产能评价标准体系需要进行不断的完善和调整，要随着产能水平结构的变化、技术发展的趋势以及市场形势的需要研究调整淘汰落后的标准，对行业生产和需求进行动态监测的基础上，适时提高落后产能的标准，强化产能先进企业的技术指标的榜样作用，逐渐以国内领先水平、国际先进水平作为产能技术水平的评价标准，促使企业强化技术投入，推动行业转型升级。

(四) 强化产能管理，控制等量置换

产能过剩行业的转型升级不仅需要淘汰落后产能，同时也要加强先进产能项目的建设，技术的动态发展使得先进产能的评价标准不是固定不变的，不断新建、改建和扩建新增的产能是产业转型升级发展的必要条件。因此要强化产能管理，协调好存量产能的调整和新增产能建设的关系，一方面要淘汰落后产能，为实施新项目腾出资源、环境容量和市场空间；另一方面要继续鼓励新增先进产能的建设，避免"一刀切"，加强政策执行的灵活性、准确性，对达到国内领先、国际水平的产能建设依然要给予政策支持。

产能的管理既是总量控制，也是结构控制，总量控制是缓解产能过剩的首要问题，结构控制是制造业转型升级的重要问题。为统筹地方发展经济和淘汰落后产能的关系，国家出台了产能管理的等量置换、减量置换的政策方案。在执行过程中，要严格控制产能的等量置换，加强依法依规审批，尽量减少产能等量置换项目建设，不断增强减量置换的项目数量，做到在总量控制的基础上不断推动结构控制的优化。特别是产能严重过剩的高耗能产业，应坚决执行减量置换的原则，降低资源消耗和浪费，保证产能管理的经济效益。建立产能交易市场，鼓励异地置换，推动国内产能梯

度转移。

（五）支持兼并重组，做好社会保障

鼓励支持行业内的兼并重组，对具备改造基础的落后企业不能简单执行淘汰落后的政策，要鼓励先进企业对落后产能的重组改造，依靠先进企业的技术、资金等实力，提升技术、环保、安全等各项指标，使之进入先进产能行列。要破除体制障碍、地区壁垒等限制因素，鼓励企业跨资本性质、跨地区进行兼并重组，并在税收、融资、土地等政策方面给予支持，推动国企改革方案尽快落地实施，坚决取消各地方自行制定的阻碍跨地区兼并重组的规定，放宽审批要求，对企业兼并重组过程中发生的资产评估增值、债务重组增值、土地增值等免收所得税。加大财政投入，通过专项资金、贴息、贷款奖励等方式鼓励金融机构参与兼并重组项目。

综合设计落后产能企业的关停、破产等方案，对企业债务、职工安置等给予一定的缓冲期，通过债务展期、债务重组、离岗培训、转岗分流等方式，降低淘汰落后产能造成的金融风险和就业负担。支持国有资产管理公司、民间投资基金等机构参与被兼并企业的债务处置；保障下岗分流人员的基本社会保险保障能够延续，通过设立专项资金等方式保证职工基本生活保障，鼓励职工培训再就业。

二、技术嫁接，提升优势产业综合效益

经过长达30多年的高速增长，国内市场的扩大和对外贸易的扩张给了中国制造业快速发展的良机，特别是享受了人口红利、改革开放红利、世贸红利等众多发展机遇，使得中国已经成为制造大国，享有全球制造基地的声誉，在纺织、轻工、家电、消费电子等行业已经形成具有全球优势的产业。红利效应的减退、国内外发展环境的改变，劳动密集型产业的发展空间日益受到劳动力成本上升的制约，传统优势产业的简单规模扩张遇到了瓶颈，形成了效率不高、附加值低等问题，在经济新常态下传统具有比较优势产业的转型升级必须向综合效益提升型转变，加强新技术对传统产业的嫁接，提高智力资本对产业增长的贡献，注重内涵式增长，向管理要效益，向多元融合发展要效益，从而从总体上提升制造业产业结构。

专栏 6-1　传统产业的重要性

实体经济是我国发展的本钱，是构筑未来发展战略优势的重要支撑。实体经济的基础是制造业，而制造业的主体又是传统产业，传统产业构成了我国工业体系的基本框架。目前，我国传统产业已经形成世界规模最大、门类最齐全、体系最完整、国际竞争力较为突出的优势，成为科技创新的重要载体、吸纳就业的重要渠道、创造税收的重要来源、参与国际贸易的重要领域。因此，必须高度重视传统产业的发展。一般而言，传统产业既包括国民经济发展所依赖的重要基础原材料和重大技术装备制造业，也包括满足人民生活需要的终端消费品产业。其中，石化医药产业、机械装备产业、轻工纺织产业、冶金建材产业是比较典型的传统产业。

近年来，虽然传统产业有所式微，但是其在国民经济中的地位仍极其重要，依旧是我国工业的主体。传统产业主营业务收入占规模以上工业的比重大，2020 年传统产业主营业务收入为 84.7 万亿元，占全部规模以上工业企业主营业务收入的比重为 78.1%。传统产业的从业人员在工业中占比重，是解决就业的主要产业。2020 年，传统产业年末从业人员数为 6137.6 万人，占全部规模以上工业企业年末从业人员数的比重为 79.1%。传统产业的企业资产占比多，2020 年，规模以上工业企业中传统产业年末资产总额为 88.9 万亿元，占全部规模以上工业企业年末资产总额的 68.2%。传统产业的利润总额是工业利润的重要支撑，2020 年，传统产业利润总额为 5.4 万亿元，占全部规模以上工业企业利润总额的 79.2%。传统产业是工业出口贸易中主要组成部分，2021 年，传统产业出口交货值为 6.2 万亿元，占全部规模以上工业企业出口交货值的比重为 51.8%。传统产业对稳定固定资产投资具有不可忽视的作用，2020 年，传统产业固定资产净额为 20.0 万亿元，占全部规模以上工业固定资产净额的 56.7%。由此可见，传统产业依旧是我国实体经济的主体，是国民经济的主要支柱。

机械装备产业是实体经济乃至国民经济的重要支柱产业，是制造业转型升级的主战场，对中国经济高质量发展发挥着至关重要的作用。从主营业务收入占比来看，2020 年，机械装备产业的主营业务收入为 29.0 万亿元，占全部规模以上工业企业主营业务收入的 26.8%。从从业人员比重来看，2020 年，机械装备产业年末从业人员数分别为 2328.4 万人，占全部规模以上工业企业年末从业人员的比重为 30.0%。从企业资产占比来看，2020 年，机械装备产业的年末资产总额为 33.0 万亿元，占全部规模以上工业企业年末资产总额的比重为 25.3%。从利润总额占比来看，2020 年，机械装备产业利润总额为 1.9 万亿元，占全部规模以上工业企业利润总额的比重为 27.7%。从出口交货值占比来看，2020 年机械装备产业出口交货值累计 3.1 万亿元，占全部规模以上工业企业出口交货值的 25.5%。从固定资产净额占比来看，2020 年，机械装备产业固定资产净额为 5.2 万亿元，占全部规模以上工业企业固定资产净额的 14.8%。由此可见，机械装备产业是推动国民经济的主动力，是传统产业转型升级的主战场，是支撑国际贸易的主阵地。

轻工纺织产业是传统产业的主要类别，与改善民生、解决群众就业息息相关，是稳增长、稳出口、稳就业的重要产业。从主营业务收入占比来看，2020 年，轻工纺织产业主营业务收入为 19.0 万亿元，占全部规模以上工业企业主营业务收入的比重为 17.5%。从从业人员比重来看，2020 年，轻工纺织产业年末从业人员数为 1873.3 万人，占全部规模以上工业企业年末从业人员数的 24.2%。从企业资产占比来看，2020 年，轻工纺织产业年末资产总额为 15.9 万亿元，占全部规模以上工业企业年末资产总额的比重为 12.2%。从利润总额占比来看，2020 年，轻工纺织产业利润总额为 1.3 万亿元，占全部规模以上工业企业利润总额的比重为 19.1%。从企业单位数占比来看，2020 年，轻工纺织产业企业单位数为 11.3 万个，占比高达 28.3%。从出口交货值占比来看，2020 年，轻工纺织产业出口交货值累计 1.7 万亿元，占全部规模以上工业企业出口交货值的 14.4%。从固定资产净额占比来看，2020 年，轻工纺织产业固定资产净额为 3.5 万亿元，占全部规模以上工业企业固定资产净额的 9.8%。由此可见，轻工纺织产业依旧是我国未来一段时期内解决就业问题的"主力军"。

石化医药产业是传统产业中的重要产业，在解决就业、推动经济增长、稳出口等方面都发挥着非常重要的作用。从主营业务收入占比来看，2020 年石化医药产业主营业务收入为 17.1 万亿元，占全部规模以上工业企业主营业务收入的比重为 15.8%。从从业人员比重来看，2020 年，石化医药产业年末从业人员数为 1018 万人，占全部规模以上工业企业从业人员数的 13.1%。从企业资产占比来看，2020 年，石化医药产业年末资产总额为 20.9 万亿元，占全部规模以上工业企业年末资产总额的比重为 16.0%。从利润总额占比来看，2020 年，石化医药产业利润总额为 1.2 万亿元，占全部规模以上工业企业的比重为 16.8%。从出口交货值占比来看，2020 年，石化医药产业出口交货值为 0.8 万亿元，占全部规模以上工业企业出口交货值的比重为 8.6%。从固定资产净额占比来看，2020 年，石化医药产业固定资产净额为 6.2 万亿元，占全部规模以上工业企业固定资产净额的 17.5%。

冶金建材产业是支撑国民经济发展的重要产业。从主营业务收入占比来看，2020 年，冶金建材产业的主营业务收入为 19.6 万亿元，占全部规模以上工业企业主营业务收入的比重为 18.1%。从从业人员比重来看，2020 年，冶金建材产业年末从业人员数为 917.9 万人，占全部规模以上工业企业从业人员数的 11.8%。从企业资产占比来看，2020 年，冶金建材产业年末资产总额为 19.2 万亿元，占全部规模以上工业企业年末资产总额的比重为 14.7%。从利润总额占比来看，2020 年，冶金建材产业利润总额为 1.1 万亿元，占全部规模以上工业企业利润总额的比重为 15.6%。从企业单位数占比来看，2020 年，冶金建材产业企业单位数为 5.9 万个，占比为 14.7%。从出口交货值占比来看，2021 年，冶金建材产业出口交货值累计 0.4 万亿元，占全部规模以上工业企业出口交货值的 3.2%。从固定资产净额占比来看，2020 年，冶金建材产业固定资产净额为 5.2 万亿元，占全部固定资产净额的 14.6%。

综上所述，我国传统产业对吸纳就业、创造税收、参与国际贸易、稳定国民经济一直发挥着极其关键性的作用，同时正加速与新一轮科技革命融合发展成为科技创新的主阵地，对中国经济换挡升级具有十分重要的作用。

（一）通过产业转移，优化空间布局

传统优势产业是中国制造的竞争力基础，目前中国部分地区对劳动密集型产业仍然有一定依赖，特别是中西部等相对落后地区在产业结构上跟沿海发达地区存在落差，仍需要发展这些具有比较优势的产业来发展经济、保障就业和增强工业基础。中国制造业转型升级需要综合考量地方经济发展的需要，通过国内产业转移，推动传统优势产业向资源、土地、劳动力等成本仍具备比较优势的地区转移，优化产业的空间布局，夯实落后地区工业发展的基础，促进区域间经济均衡发展。

落实京津冀一体化、长江经济带、中西部地区城市群等区域发展战略，建立区域间经济合作机制，打破行政区划界限，加强区域之间的交流合作，顺畅信息沟通平台，鼓励东部发达地区在转型升级发展过程中需要外移的产业向中西部地区转移，在更大范围内实现资源、产业、资本、技术、人才的集聚，实现区域经济合作，促进产业协同发展。国家在基础设施建设上加大向中西部地区倾斜的力度，中西部地区地方政府要落实相关扶持政策，鼓励承接产业转移。中西部地区应加强产业转移园等承接平台的建设，推动产业集群化的转移，通过引进龙头项目带动配套项目的集体落地，促进产业布局全面优化。

（二）运用先进技术，促进智能制造

新一代互联网、物联网等信息技术创新已经对传统产业的产业链布局、资源配置、生产管理等产生深远的影响，适应世界产业发展的新趋势，中国要鼓励传统优势制造业企业加强新技术的运用，通过新技术对传统生产方式的嫁接，提高生产、管理、营销的智能化水平。当前移动通信网络、数据传感监测、信息交互集成、高级人工智能等智能制造相关技术、产品及系统在企业层面的具体应用已经展开，新的电子信息技术、智能技术能够使传统优势产业生产系统智能化、网络化、柔性化、绿色化，提高资本、技术、管理等要素对制造业增长的贡献。我国工业化和信息化的融合发展，重点就是利用新的电子信息技术优化制造业的生产技术和管理流程，提高生产、管理和服务的智能化水平，降低管理成本和能源资源消耗，提高运营效率。

随着劳动力成本的提升，传统劳动密集型产业需要加强生产的自动化、智能化水平，国家要鼓励传统优势产业建设智能工程、数字车间示范项目，根据需要安排技改专项财政资金，采用股权投资、贴息等方式支持示范效应的项目建设，对进口先进技术设备用于技术改造投资项目给予免税和贷款贴息；大力发展融资租赁，支持企业通过融资租赁购买设备进行技术改造投资；加强用地支持，技术改造项目的改扩建需要的新增土地面积免收土地出让金，并简化环评手续。

（三）创新经营模式，推动融合发展

全球产业链特征已经从简单线性关系向多维立体网络发展，制造业产业链条已经从加工制造环节向研发、设计、品牌、营销、服务等环节延伸，传统优势制造业企业必须依靠经营模式的创新实现转型发展，提高技术咨询、工业设计等环节的业务比重，提升经营结构；在进入产业链上游的同时，传统优势制造业企业还需向服务业领域拓展，通过服务化导向，发展工业旅游、创意设计、产品应用服务、高端定制等横跨第二产业和第三产业，以开拓相关服务业带动制造业结构升级，加强制造业的多元化发展能力，从总体上提升制造业的综合经济效益。

加大对优势产业龙头企业的政策扶植力度，设立品牌建设专项资金、标准建设专项资金等推动优势产业的经营模式创新，通过组织建设产业联盟、交易市场、标准和监测中心、信息集散中心等方式，促进优势产业的做大做强。在融资、法律、会展、技术转让平台等方面加强人才培养和环境建设，为优势产业提升全球竞争力提供全面支持。完善制造业服务化需要的市场环境，完备知识产权法规，健全社会诚信体系，严格监管体系，保障优势产业服务化发展战略的顺利推进。

三、创新创造，推动新兴产业快速崛起

中国在国际产业分工中占据最大比重的是加工制造环节，典型的特征是加工贸易比重较高、低附加值产品出口比重较大，尽管近些年出口结构有所改善，机电产品和高新技术产品出口比重明显上升，但在这些现代产业里中国仍然缺乏核心技术，组装加工仍是价值的主要来源，在部分"代工""贴牌"等标签下的加工制造业更是价值的洼地。传统的增长方式适应了我国劳动力成本较低的特点，但导致同时自主积累不足，难以在研发上

进行实质性的突破。技术上的落后也导致中国制造业缺乏在全球范围内有影响力的企业，难以在日新月异的技术创新中和发达国家在同一水平线竞争，成为国际技术标准的被动接受者。整体上，中国制造业转型升级必须加强自主创新创造，在新的技术革命中实现核心技术创新的突破，创造出新的产业形态和市场需求，走出加工制造环节向核心技术、自主品牌、创造新商业模式等领域拓展。

（一）提高研发强度，创造产业新群

为加快我国制造业的生产技术水平提升，我国一度走的是以"市场换技术"的道路，通过大量的合作开发、合作生产、引进技术等路径获得了国外较为先进的生产技术和设备，并通过引进技术的消化吸收、人才培养等外溢效应，提高了自主研发的能力和水平。但整体上，技术引进的环节就离世界顶尖水平仍有一定落差，导致我国制造业整体技术水平仍相对处于中低端领域，这些年虽然依靠自主研发和集成创新，在部分领域缩小了与国际先进水平的差距，但制造业领域核心技术匮乏、关键零部件和材料依靠进口等问题依然较为明显。中国制造业向创新创造型转变首先就是要调整技术升级路径，减少对引进技术的依赖，加强自主创新能力，提高研发投入强度，没有核心技术或核心创意，"中国创造"就无从谈起。

国际产业巨头能够牢牢占据产业价值链高端环节，是依靠几十年甚至上百年的技术积累来实现的，中国要想提升产业分工地位，必须依靠自主创新，在关键技术和重大技术领域取得扎实的成果，以高度技术含量支撑中国制造业向"中国创造"转型。技术革命一方面会促进传统产业转型，更重要的是另一方面会催生出新的产业形态，技术革命一直是产业革命的先导，产业革命是技术革命的结果，中国制造业转型升级必须技术创新，以新的技术群和市场基础创造出新的产业群，推动高新技术产业、战略性新兴产业快速崛起，让新技术、新产业成为制造业增长的新动能，带动制造业产业结构向高端升级。

（二）突破核心技术，引领国际标准

中国制造业的转型升级已经开始威胁到发达国家制造业在全球的市场份额，从自主创新、集成创新和引进消化吸收再创新三种主要的技术进步路径来看，由于我们技术升级的方向逐渐与发达国家站在同一平台，从国

外获得先进技术的难度将越来越大，技术上的落后导致了发达国家在核心技术和关键部件、材料上对中国的封锁，由于核心技术和部件受制于国外，中国制造业付出了极大的进口成本及专利使用费，加大了中国制造业赶超的难度。

中国制造业的创新创造必须立足于自主创新，在关键技术和核心零部件领域不断取得突破，并努力成为全球范围内技术进步的引领者，才能实现制造业向高端化转型的目标。金融危机发生以后，发达国家"再工业化"及新的技术革命方兴未艾，在战略性新兴产业、工业化和信息化融合发展等领域技术进步的周期明显加快，中国应集中资源在这些领域取得技术突破，并参与国际标准的制定，像在高速铁路、移动通信技术、卫星导航、新一代核电等领域中国已经具备了世界一流水平的领域，要加快技术成果的产业化应用，以庞大的国内市场为基础，壮大技术研发成果产业化应用的市场规模，并以此为基础积极参与产业国际标准的建设，站上技术创新的制高点。

（三）整合创新资源，完善创新机制

加大鼓励自主创新的财政投入，整合科研资金的管理，将中央财政的各类科技计划由多部门分散管理转变为统一平台管理，避免体制的分割造成研发链的断裂，鼓励多部门、多学科、多领域密切合作进行集成创新，将多部门、多渠道的基础性科研项目、共性技术研发项目的科研资源集中使用，改变科研资金分割化和碎片化的情况，完善公共科技资源共建共享机制，提高财政科技专项资金的使用效率；增加基础性、共性技术的研发投入，强化研究成果的市场化转化，减少脱离市场需求的"形象项目"及"短、平、快"项目的研发支持，全面夯实我国科研技术的基础，增强研发的可持续性；鼓励发展科技租赁产业，通过科研项目部分环节的服务外包、设备租赁等方式形成合理分工，降低科研成本；严格国家科技专项资金的运行管理和绩效评估机制，提高科研立项项目评估、决策过程中的科学化和民主化水平，增强管理的科学性和专业性，加强研究项目成果的客观论证，严格项目监管程序和资金的审计，严查科研项目弄虚作假及学术腐败问题，建立研发骨干和团队信用评价体系，大幅提高一线科技人员劳务报酬比重，调动创新研究积极性。

增强支持自主创新政策的普惠性，改变政府对科研项目的遴选主导，通过财税政策的普遍支持，降低税收优惠、政府采购等政策的门槛，调动企业创新的积极性，形成企业不分性质、不分大小普遍享有政策鼓励的创新环境，完善以企业为主体的技术创新激励机制，推动创新资源向企业集中，提高企业作为创新主体的主导地位。鼓励建立产业创新联盟，形成以政府投入为先导、联盟企业共同进行基础和共性技术研发、各自进行技术成果的应用研发的创新格局。

（四）强化环境建设，助推创业创新

优化行业监管，进一步破除新兴产业发展的障碍，推进简政放权，进一步取消和下放与促进创业密切相关的审批事项，简化行政审批手续，推进投融资体制、税收、国有企业、反垄断等领域的改革，降低市场准入门槛，健全有利于创业的政策制度，落实和完善鼓励自主创业的税费减免、小额担保贷款、资金补贴等扶持政策，创造有利于创业创新的政策环境；严格知识产权保护，严厉打击侵权、盗版、窃取商业机密等违法行为，坚定清除假冒伪劣产品的市场空间，保护创新创造的市场价值，让创新创造的高收益能够覆盖高风险，建立诚信经营、公平竞争的市场环境。

加大创业资金支持力度，充分发挥中小企业专项资金、各类创业投资引导基金的作用，大力发展科技投资公司、创业投资公司，形成多元化、多渠道的创业资金支持体系，建立创业投资风险救助专项资金，创造便捷、安全的创业创新融资环境；强化创新创业公共服务体系建设，重点打造孵化器平台，构建一批低成本、便利化、全要素、开放式的众创空间，支持建设创新工场等新型孵化器，积极支持创业孵化、研发设计、信息资源、科技中介、科技金融、检验检测等科技服务业发展，推进政府科研资源开放共享，推动国家重点实验室、工程中心、科技信息平台等资源成果向全社会开放共享，创造有利于创业创新的服务环境。

四、全面开放，拓展新的外部市场空间

从发展阶段来看，中国制造业已经历了改革开放初始的出口导向型模式和加入 WTO 之后的重化工工业化两个发展阶段，过去制造业增长模式对出口的依赖较大，特别是沿海经济较为发达地区大量的加工贸易以及劳动密集型的产业过于依赖国际市场，大进大出的产品贸易过程中留在中国的

价值很低，而国内为此投入的资源、能源、环境要素大幅上升，发展的可持续性明显不足。同时这种停留在低端生产环节的制造业模式，还造成中国制造业在技术、管理、营销等方面的能力培养欠缺，难以培养中国自己的民族品牌和国际级企业。面对未来特别是金融危机之后的世界产业发展形势，中国制造业必须从仍旧表现出较强狭义外向型特点的模式向全面开放型模式转变，开拓新的市场空间。

（一）国际产能合作，全球配置资源

全面开放型增长模式强调制造业要在全球范围内配置资源，充分利用国内和国际两个需求市场、两个要素来源，在全球范围内进行生产力布局，充分利用中国制造业发展积累的资本和技术，加强国际产能合作，通过引进来和走出去相结合，提高中国制造业国际化经营能力，创建中国自己的有世界影响力的跨国公司。面对国内产能过剩的矛盾，也需要中国制造业企业加快走出去步伐，加强国际产能合作，推动中国优势制造业产业扩大国际市场占有率，并向和中国有产业技术代差的国家与地区进行产能转移，开辟新的消费市场，以缓解国内产能过剩的压力。

通过从"两头在外"的狭义型开放模式向充分利用国际和国内资源与市场的全面开放型模式转变，能够使中国制造业企业直接面对并适应世界经济全球化和新一轮产业革命的挑战，更加注重技术进步、经济效益、生态效益的协调发展，增强制造业发展的自主性，形成以自主技术、品牌和服务为核心的竞争优势。同时，中低端生产环节的对外输出，可以集中资源在价值链高端环节的配置，并在全球范围内寻找并购机会以获得新的技术研发平台、营销平台，建立国际化的产业布局和产业组织形式，逐渐升级进出口结构，努力在国际产业分工中向价值链高端迈进，促进国内制造业的产业结构升级。

（二）强化金融支持，创新金融服务

增强对企业"走出去"的财政金融政策支持，建立国家企业海外投资基金、对外产业投资基金等专项基金，鼓励和支持民间资本设立专门的境外投资私募基金和风险投资基金等，对企业国际化进行融资支持；继续完善"内保外贷"政策，支持企业以境外资产、权益抵押申请境外贷款。继续放宽对中资银行开展离岸业务的限制，鼓励更多有实力的中资银行办理

离岸业务。

弥补金融业对制造业企业海外拓展支持能力的不足，改变金融业机构海外资产少、境外网络覆盖面窄、海外业务范围窄的局面，提高中国金融业对企业海外运营的支持能力，特别是要加强非银行类金融机构参与企业海外经营的支持力度，鼓励保险公司、证券公司、金融资产管理公司等全面加强海外业务，为企业提供多元化投融资及保险服务。

除继续提供传统的信贷融资、账户管理、结算支付、担保服务等基础性业务以外，要加强金融机构的金融服务创新，适应中国企业"走出去"的金融需求日益多元化、复杂化、高端化的需要，不断创新传统金融服务模式，完善金融服务功能与产品，结合海外市场特点加强产品设计和创新，进一步加大对高端产品和结构化产品的研发和投入，提供多样化的融资、避险和增值产品，提高企业对利率、汇率风险的管控水平。

（三）政府引导先行，企业集团出海

加强政府间的产业投资、技术研发等领域的合作，建立区域化、开放型的创新协作机制，研究海外市场，及时信息发布，加强国内企业海外投资与对象国发展战略的有效对接。完善企业"走出去"的相关规划，把对外基础设施投资、矿产资源开发、区域金融合作、对外援助和产业转移等领域有机结合，形成政府、企业、金融的合力，不断探索创新企业"走出去"模式。加强立法进一步规范企业海外竞争秩序，加大对不公平竞争行为的惩处力度，减少企业在"走出去"过程中的恶意竞争。

鼓励国内企业加强产业链合作，形成大企业带动小企业、配套企业等以全产业链"走出去"的方式集团出海，在海外共建工业园区、经贸合作区等，加强产业上下游、产业与金融等资源的融合，规划从项目设计、设备供应、项目建设、融资担保等一体化的解决方案，通过企业之间的优势互补、强强联合，增强总体竞争实力。鼓励组建民营投资集团，淡化政府背景，减轻世界对国有企业海外拓展的担忧，支持和推动更多民营企业联合"走出去"；政府出资引导企业建立共享的设备融资租赁、售后服务等平台，鼓励企业集团化合作共同参与营销推广、售后维修等公共设施的建设，降低制造业企业单独开拓海外市场的成本。

第七篇　促进制造业转型升级的保障措施

　　制造业转型升级是我国实现制造业大国向制造业强国迈进的必由之路，任务艰巨而复杂，应通盘考虑、综合施策、突出重点。政策设计理念及其内在逻辑是：以问题为导向，以"发展目标"为参照，通过尽快优先解决若干重点问题为实现"发展目标"奠定基础。

　　当前，既要避免各地制定的目标过于宏大而不接地气，影响解决现实紧迫问题的信心和积极性，同时又要避免不管特殊矛盾，搞"头痛医头、脚痛医脚"式的零敲细打的碎片化政策措施，在转型升级中迷失发展方向和奋斗目标。

　　为此，本书拟不提"大而全、高大上"的政策建议，而是兼顾问题导向和目标导向，使政策建议更加具备可操作性。在总结一些地区和企业实践经验基础上，我们认为，优化市场环境、强化要素支撑、深化开放合作等尤为重要，既是推动制造业智能化、服务化、生态化的现实需要，也是激发制造业创新发展内生动能的关键举措。拟从以上三个方面入手，提出政策建议。

一、优化市场环境

　　制造业转型升级首先就是要营造有利于产业转型升级的环境。没有好的市场环境，其他一切举措都是徒劳。优化市场环境的核心问题是处理好政府与市场的关系，政府不"越位"，不"缺位"，不"错位"。但优化市场环境范畴广，应该聚焦于叫得响、立得住、可操作、有实效的具体措施，建议通过启动制定《制造业质量升级指导意见》、尽快建成适应新技术变革的标准体系、落实"绿色制造工程"行动计划和完善准入退出机制多方面着手，优化制造业发展的市场环境。

　　（一）启动制定《制造业质量升级指导意见》

　　一是推广先进质量管理技术和方法。建设标准符合性认证平台，开展质量标杆和领先企业示范建设；加快向企业推广质量诊断、现场管理、精益生产等先进生产管理模式；严格质量准入，完善产业政策和准入条件，如完善制造业质量统计指标体系，建立质量敏感性产业分析制度等；加大对制造业高科技含量技改项目的扶持，给予税收优惠或减免，如设立促进质量升级专项基金；力争3~5年时间培养一批掌握先进质量管理方法的专业技术人员，形成应用先进质量管理方法的良好氛围，如设立产业工人技能提升基金；"请进来""走出去"相结合，积极引进国际先进质量管理方法，提升质量管理的国际化水平。

二是建立质量黑名单制度。严格执行产品"三包"、产品召回等制度，建立全国统一的产品质量追溯体系，切实保护消费者权益；强化企业主体责任，产品质量黑名单与企业诚信挂钩，通过有关信息平台定期向社会披露；开发基于历史统计数据与大数据挖掘相结合的质量评价追踪技术（大数据质量监测平台建设工程），整合检验认证、执法打假、消费者投诉、问题产品召回等信息资源，特别是畅通与电子商务产品质量相关的投诉、监督、查处、追踪渠道，形成线上线下双重质量监管体系，发现问题及时向有关行业和地方警示通报；鼓励第三方质量评估机构独立、客观向社会发布质量安全警示信息。

三是加强制造业品牌建设。采用市场化运作模式，发展一批品牌培育和运营的专业服务机构，形成一批在国际上有影响、国内消费者信得过的知名品牌；完善品牌保护机制，建立政府监管、社会监督、信息公开的品牌维护、侵权惩罚体系；积极推进品牌价值评价工作，规范品牌评价活动，引导更多制造企业参与品牌价值评价活动；强化科技对经济的支撑作用，实现从跟踪模仿、高消耗、低附加值向原创突破、高品质、高附加值的赶超跨越。

四是组织实施一批质量检验检测认证能力提升专项工程。建议在新兴产业领域建设国家质检中心或者国家检测重点实验室，培育2~3个具有国际一流水平的认证、认可研发中心，鼓励跨区域整合、跨行业整合，做专做精一批专业认证技术机构；建议在高端装备制造、新一代信息技术和新能源汽车等领域实现高端检测仪器国产化；通过检验检测数据的积累，建立质量敏感性产业统计指标体系，促进产业内质量不断升级。

（二）尽快建成适应新技术变革的标准体系

建立标准推进联盟。支持企业组建标准推进联盟，协同推进产品研发与标准制定，发挥企业在标准制定中的重要作用；加快建立与推进产业转型升级相适应的标准体系，完善重大技术装备标准体系，聚焦航空航天、轨道交通和数控机床等重点领域，开展技术装备标准研制；提升国际标准制定话语权，在优势特色以及新兴产业领域鼓励和支持企业、科研院所、行业组织等参与国际标准制定，加快我国标准国际化进程；推动国防装备采用先进的民用标准，推动军用技术标准向民用领域的转化和应用；加强"一带一路"沿线重点国家标准比对分析研究，围绕装备制造领域，加大标准互认力度。

启动技术标准平台建设。完善技术标准信息资源库和技术标准服务网络的建设，解决企业在获取国际、国内相关技术标准、技术法规信息相对滞后的问题，为企业提供技术标准方面的开放性、公益性信息服务；加快技术标准人才队伍建设，建立技术标准人才培训、评价考核与激励机制，培养熟悉国际标准规则、业务强、外语好的复合型标准化人才，形成一支与实施技术标准战略相适应的标准化专业人才队伍。

重点建立与智能制造相匹配的产业标准体系。由于缺乏行业性的智能制造标准体系，企业在进行技术集成时经常面临技术难题，设备不兼容、技术不兼容的问题十分突出。建议聚焦智能传感器、智能机器人、工业云和大数据等与智能制造有关的标准空白领域集中开发研制技术标准，以标准领先带动技术领先；开展智能工厂示范工程，通过试点示范效应，探索研制柔性制造、流程制造、制造业新业态新模式的技术标准。针对流程制造、离散制造、智能装备和产品、智能制造新业态新模式、智能化管理和智能服务5个领域开展试点示范。

（三）落实"绿色制造工程"行动计划

强化环境保护力度。加大对各类环境违法违规行为的惩戒力度，以强有力的环境保护政策为制造业生态化发展保驾护航，杜绝超标违规排放；建立责任追究制度，对不顾生态环境盲目决策、造成严重后果的行为必须追究责任，责任追究不因任期结束而终止；建立科学政绩评价体系，完善经济社会发展考核评价指标体系，把资源消耗、环境损害、生态效益等体现生态文明建设状况的指标纳入政绩考核中来。

倡导鼓励绿色生产和消费。在鼓励绿色生产方面，建议"两步走"。第一步，以全行业的排放标准、环保标准为标杆，不达标的生产企业将被处以罚款，倒逼企业加大绿色生产的投入力度；第二步，在第一步措施推广成熟之际，逐渐提高环保标准，在大型国有企业范围内率先实施与国际同行的环保标准对接，对超过国际平均排放标准的企业给予相应的处罚，倒逼大型企业对接国际标准。在鼓励绿色消费方面，加强生态文明宣传教育，增强全民节约意识、环保意识、生态意识，营造爱护生态环境的良好风气。

以技术创新推动"绿色制造"行动计划的落地。加快先进节能环保技术成果转化进程。紧扣高耗能制造业绿色改造，研发废弃资源回收利用的工艺技术装备，实现绿色生产；围绕建立高效、低碳绿色制造体系，加速淘汰落后产品和技术，提高政府采购中对技术和质量的要求；支持企业进行与"绿色制造"相关的技术创新，在项目审批、技改资金分配方面给予政策倾斜，大幅降低生产的能耗、物耗和水耗；保护"绿色制造"技术的知识产权，突出司法保护知识产权的主体作用，降低侵犯知识产权行为的刑事入罪门槛，实施惩罚性赔偿制度。

（四）完善市场准入和退出机制

在市场准入方面，实施统一的市场准入制度。一是准入标准无歧视，准入标准对各市场主体一视同仁。让不同市场主体在相同的准入制度下平等竞争，从而实现"优胜劣汰"，吸引高科技、高附加值、创新型的中小企业参与到产业发展中来。二是制定"负面清单"，各类市场主体可依法平等进入清单之外领域。法无禁止皆可为，加快建设统一开放、竞争有序的市场体系，更大程度地发挥市场机制在资源配置中的基础性作用，让企业和个人有更多活力和更大空间去发展经济、创造财富。三是保障公平竞争，加强市场监管。在市场经济条件下，政府不仅仅是充当"守夜人"的角色，更要在维护市场秩序、弥补市场失灵方面履行职责、发挥作用。四是因地制宜推进产业政策和竞争政策的切换，在行业中区分竞争领域和非竞争领域采取针对性政策，尽量减少诸如试点优惠等选择性产业政策，避免因过度扶持和保护而造成资源错配和浪费，减少行政手段在资源配置中的作用。

在企业退出方面，重点在于疏通破产企业的退出机制。主要从四个方面着手，一是规范、甄别、清理相关优惠政策。当前制造业存在大量"僵尸企业"，依靠各种税收、土地优惠政策继续生存。应继续推进清理规范税收优惠政策，建立一视同仁、优胜劣汰、规范有序的退出激励约束机制，让"僵尸企业"退出市场。二是减少企业退出的制度性障碍，形成再生、改造、收购、破产等多种退出方式。进一步完善《破产法》，着力填补濒临破产企业并购重组的规范空白，简化破产法操作程序。三是加强服务。政府牵头行业协会，构建行业信息数据收集、分析、决策和反应机制。及时发布产业发展信息和政策法规，为市场主体科学决策提供准确的信息数据，引导发展方向，规范投资行为，规避发展风险。四是全面清理和废止不利于全国统一市场建设的政策措施，推进市场价格监管和反垄断执法，反对垄断和不正当竞争，严惩市场垄断和不正当竞争行为。

（五）减税、降费真正减轻企业负担

对制造业企业全面减税。不应因为财政收入下降而缩水减税力度、推迟税制改革力度或者征收"过头税"。建议对制造业企业全面减税或设定"减税期"（超过减税期按照正常税率征收），切实通过减税，为结构调整、转型升级积蓄动力和能量。

制定涉企收费的"收费清单"。把与行政职权相关的涉企收费（如行政事业性收费、政府性基金、行政审批前置中介服务收费等）作为减负的核心环节。建议明确涉企收费项目，项目之外的收费一律视为违规。同时，针对涉企负担实际情况调查缺乏数据、信息不对称的问题，建立国家、省、市、县四级企业负担情况上报、调查系统，跟踪研究企业负担情况，动态掌握工业企业负担变动情况。

二、强化要素支撑

近年来，随着土地、劳动力等生产要素价格快速上升和资源环境约束不断加剧，传统比较优势逐渐削弱，新的比较优势尚未形成，我国产业到了必须加快转型升级、提质增效的重要关口。当前，我国正处于比较优势转换的关键时期，应加快培育高级生产要素，充分发挥高级生产要素在制造业转型升级中的主导作用。

（一）资金支持

发挥中央财政资金对产业转型升级的扶持作用。重点支持制造业智能化的软硬件建设，支持智能工厂示范、软件集成开发、生产性服务业发展以及先进制造业、新兴产业的关键技术创新；政府采购优先购买与国外产品性能相同或相近的国产产品，对国内重点创新的产品可采用强制性采购比例，使政府支持产业发展的财政资金更具有针对性；从调整产业结构的长远角度考虑，对于中西部地区基础和条件好的重大项目，应该区别对待，按照"有保有压、有扶有控"的总体原则，积极予以支持。

设立民营银行。一是扶持区域性商业银行和股份制城市商业银行发展，积极鼓励设立民营银行，健全现代银行业体系。二是大力发展小额贷款公司和村镇银行等新型民间金融组织。借鉴温州、广东等地的金融综合改革经验，鼓励和支持民间资金参与地方金融机构改革，依法发起设立或参股村镇银行、贷款公司、农村资金互助社等新型金融组织。符合条件的小额贷款公司可改制为村镇银行。三是强化信息披露的监管约束。同其他银行一样，民营银行信息披露必须及时、完整、有效，应当按季度进行信息披露，并对披露信息的真实性承担法律责任。

大力发展产业转型升级所需的金融产品和服务模式。例如，通过履约担保的方式降低业务风险，鼓励企业以多种方式开展先进技术设备融资租赁业务；支持有条件的制造业企业进行直接融资，通过主板、创业板、中小企业板乃至境外上市进行融资；通过发行企业债、公司债、可转换公司债和小微企业增信集合债来募集产业整合需要的资金；充分释放先进制造产业投资基金的融资放大效应，积极吸引社会资本投入国家战略重点领域。

（二）人才保障

一是优化高等学校学科设置，培育造就制造业转型升级急需的各类人才，培养一批理工科人才和工程师。课程设置要反映基础前沿、关键共性技术应用，与生产实践相衔接；强化基础理论课程的实践教学环节，将实践环节的考核测试纳入整个课程的考核测试中来，让课业成绩的评价同时反映理论、实践两个维度的能力；建立科学合理的学科评价机制，加大学生毕业后跟踪的社会评价的权重，避免教学督导流于形式。

二是改变"重学历、轻技能"的人才选用导向。健全职业技能人才培养体系，通过3~5年的努力，面向中低端劳动力普及职业技能培训。提高对高等职业技术学院的资源支持力度，提升高等职业技术学院在当前整个院校体系中的地位；试点建立高等职业技术学校毕业生"定向分配"机制，模仿"免费师范生"模式，鼓励更多的良好生源涌入职业技术学院中来；加快建立技术工人职称评定对应制度，使高级技工享有与高级工程师（研究员、教授）同等待遇；模仿日德技术工人"学徒制"培养模式，做好年轻技术工人的传帮带工作，在企业大力推行"名师带徒"制度，形成政府激励推动、企业加大投入、培训机构积极参与、劳动者踊跃参加的各方互动格局，促进技术工人岗位成才。

三是进一步完善人才激励政策。第一，改变制造业"重设备不重人"的不合理研发管理体制，让资金更多地向激励人才创新的方向倾斜，推动建立科研机构、高校人才与企业人才的双向流动机制。第二，建议激活体制内的人才存量，通过构建平台激发体制内科研人才参与市场化运作的积极性。例如，大量军工科研院所都是事业编制，虽然拥有雄厚的科研实力，但是在技术成果转化、人才激励等方面受体制束缚，对人力资源的利用极大浪费。通过搭建"事业—企业"平台，让体制内人才价值得到市场的认可。第三，鼓励探索实践科技成果有效转化机制，研究落实将财政资金支持形成的科技成果的使用权、处置权和收益权下放给项目承担单位的政策，提高科研人员成果转化收益比例。

专栏7-1 完善人才激励政策

第一，人才政策还是应该以企业标准为依据，什么样的人享受人才政策，应该充分给企业赋权，由企业来决定，而不是"一刀切"地去评审。建议一是在人才评审中探索增加企业话语权，构建政、产、学、研、用多方参与的人才评价机制，真正发挥"以评促建"的激励作用。二是出台行业门类国家人才评价细分标准规范。明确导向，防止各类机构各自设定评判标准。

第二，要因才激励，分类给予激励措施，高端的人才越需要荣誉奖励，对基础人才特种人才加大资金住房子女教育等支持。分类，关键就是要结合不同层次人才，给予不同类型的激励措施，坚持普惠性与针对性相结合。普惠性政策，包括解决子女入托、入学、住房等问题。针对性政策包括：对于高精尖基础、应用研究人才，要在职称评定、科技成果转化、科技发明收入分配等方面予以支持；对于高技能职业技术人才，主要在于如何构建一个职业认同体系，在这个认同体系之下，对职业技能人才就业环境、就业收入给予支持。例如，加快建立制造业职业工人技术评定通用评价体系，让技术工人有真正的职业归属感。可以比照教授、研究员等职称评定系列，对技术工人职业技术水平进行官方权威认证，提升职业的"含金量"。完善各类针对职业技术工人的配套待遇，探索更多的激励保障措施，国家加大补贴支持力度等全方位的支持政策，包括社保、税收、"五险一金"、子女教育关怀等。

第三，人才引进要结合经济产业实际，不能好高骛远。要抓紧提高职业教育的发展水平，尽快形成职业教育到生产实践的良性循环链条。以制造业为例，制造业现状是，内部不同产业发展水平不同。供给结构多样化、多元化的原因在于需求结构的参差不齐。在这个客观事实上去讨论产业升级和人力资本提升，要根据产业发展现状以及产业所对应的需求群体，分情况、分结构去研究，而不是笼而统之。

对于高端制造业，特别是战略性新兴产业，产业升级的方向在于强化对核心技术的掌握，对前沿技术的把握，提升产业链供应链自主可控水平。人力资本方面应侧重于"高精尖"人才的培养。

对于中端制造业，产业升级的方向就是加强技术改造，促进传统产业提升改造，实现集约式、集群式发展，特别是在碳达峰的约束下，着力提升产业的智能化、绿色化发展水平。人力资本方面应侧重于培养熟练技术工人，通过产教融合等多种形式加强对技术工人的培养培育。

对于低端制造业，产业升级的方向应该是引导这类产业朝着精细化、深耕细作方向去发展，不断提升产品质量，满足不同消费群体的消费需求。这一类产业人力资本提升一直是一个难题，特别是随着平台经济兴起，低端制造业面临这招工难、用工难、用工流动性大的问题。

（三）产权保护

一是建立健全适应我国国情、以公平为核心原则的知识产权保护制度。允许地方大胆探索和实践科技成果转化机制，保护和激发市场主体科技创新的积极性；加大对知识产权侵权行为的打击处罚力度，加大侵权人的侵权成本，严厉打击侵权行为，曝光典型案例，将侵权行为信息纳入社会信用记录；改革专利审批制度，缩短专利审核周期；附着在专利审批制度中的一个较为严重的问题是专利收费制度，建议应该根据专利经济效益的大小进行合理收费，取消不合理收费，避免因高额收费挫伤发明、创造的积极性。

二是加快建立知识产权维权援助体系。针对我国制造业企业在对外贸易投资中遇到的知识产权问题，尽快建立健全预警应急机制、海外维权和争端解决机制；针对境外知识产权维权成本巨大的问题，完善知识产权海关保护制度，借助海关力量打击海外侵权；针对海外知识产权争端应诉"单兵作战"的问题，建议设立行业协会牵头成立海外知识产权纠纷应诉基金，形成对外合力，增强企业海外应诉的能力；针对互联网侵权缺乏相关法律依据的现状，建议构建行政管理部门、司法部门、大型互联网平台机构的深度合作机制，实现行政、司法在空间网络背景下对知识产权的有效保护；探索建立知识产权法院。

（四）科技支撑

一是搭建科技服务公共平台。加强公共服务平台和中介服务机构建设，加快组建和完善共性技术中心等创新平台，推进产业关键和共性技术推广与应用，整体提升产业技术水平；发展各类科技服务机构，强化科技基础条件平台的支撑功能，如搭建科技文献服务平台、政策资料信息服务平台、科技数据和科技信息平台、大型科研设备的共享和服务；建立科技成果转化基地，着力推进一批创新创业服务中心建设，加速科技成果产业化应用。

二是培育创新型企业。进一步明确企业的创新主体地位，以突破关键和共性技术为重点，整合资源，大力支持企业研发中心建设，引导企业改善科研仪器设备，提升装备水平，不断提高产品的科技含量，加快培育创新型企业；落实研发费用税前加计扣除、固定资产加速折旧、引进技术设备免征关税、重大技术装备进口关键原材料和零部件免征关税及进口环节增值税、企业购置机器设备抵扣增值税等相关税收政策，制定完善实施细则，简化申报审批程序，鼓励企业加大技术创新投入，研究开发新产品。

三是健全产学研合作机制。创新产学研结合方式，重点围绕高端装备制造、新能源等支柱产业，鼓励企业与国内外高校和科研院所联合建立院士工作站、博士后工作站和工程技术研究中心等，充分利用高校和科研院所的技术成果和企业的生产条件，形成优势互补、利益共享、风险共担的科研—生产合作机制；利用产学研机制促进人才培养。建议设立大学生实习基地，企业、高校共建人才训练基地，鼓励企业高级技术人员到高校相关学科系所担任兼职导师。

（五）价格调整

一些地方转型升级进程不尽如人意，一个关键的原因是"要素价格依赖"，要素市场价格被人为扭曲，税收优惠、零地价等扭曲市场要素价格行为在一定程度上拖延了转型升级的进程，减弱了转型升级中要素价格倒逼的力度。

一是建立由市场决定要素价格的机制。促使企业从依靠过度消耗资源能源、低成本竞争，向依靠创新、差别化竞争转变。政策的着力点是遏制廉价供地、税收减免、低价配置资源等非理性招商引资方式，避免产能盲目扩张和同质化竞争。以工业用地价格为例，完善市场化的工业用地价格形成机制，建立规范的基准地价制度，确保土地利用在经济效益、社会效益、生态效益方面相统一，形成要素价格倒逼机制。

二是加快推进资源税改革。首先是改变"前端低成本""终端低价格"的非正常现状，加快水、石油、天然气、电力、矿产等资源性产品价格改革（如有序放开上网电价、择机放开成品油价格等措施），形成相对合理的资源性初级产品和制成品比价关系，合理补偿环境损害成本，理顺资源性产品上下游价格调整联动机制。其次是改变"多种定价方式并存"的非正常现状。煤、电价格定价双轨制格局导致价格信号严重扭曲，应加快推进煤、电价格联动机制。

三、深化开放合作

深化开放合作，是促进国际国内要素有序自由流动、资源高效配置、转变发展方式、培育竞争新优势的重要途径，政策要点是营造稳定外部环境，深化实施"一带一路"倡议，谨慎推动国际产能合作，实现出口优势向产业优势的转变。

（一）依靠管理制度的革新培育利用外资新优势

创新利用外资的管理体制。以培育公开透明可预期的营商环境为导向，研究制定适应新形势的利用外资政策。以简化程序、提高效率为导向，改革与外商投资有关的项目管理方式。以实现"逐案审批"到"负面清单"的转变为导向，纠正"重事前审批、轻事后监管"的倾向。以优化外商投资结构为导向，鼓励外商资本流向高端装备制造业、生产性服务业、新能源环保产业。研究复制推广上海自贸试验区经验，提高投资便利化程度，营造良好的投资环境。

放宽外商投资的市场准入。利用外资不是简单的引进资金，更重要的是吸收国际投资中搭载的技术创新能力和先进管理经验，促进制造业转型升级。生产性服务业对促进制造业转型升级意义重大，但该领域在利用外资方面属于"短板"，建议放宽建筑设计、商贸物流、电子商务等服务业领域的外资准入限制，推进服务业有序开放。

做好与外资相关的人才引进工作。发挥企业、高校、科研院所吸纳国际专业人才的主体作用，支持引进高端人才，优化来华工作、来华创业、永久居留、移民、出入境管理等制度，为国际高端人才融入我国的创新活动，提供更加便利的条件和舒适的环境，让国外专业人才愿意来，留得住。切实保护知识产权，维护外国专家的合法权益。

（二）依托"一带一路"倡议加快对外开放步伐

统筹规划、因地制宜。就政府角度而言，要研究分析相关国家产业投资环境，包括外商投资法律法规、产业政策、企业设立审批以及支撑条件等方面的情况，避免盲目性；同时，要引导企业以多种方式开展对外合作。在合作方式上应以园区形式为主，搞好产业链配套，既避免投资分散，也有利于维护我国企业在境外的合法权益；探索产业基金、国有资本收益等渠道，支持企业参与境外基础设施建设，推动高铁、电力、通信、工程机械等中国装备走向世界，培育形成"中国制造"新品牌。

建立平台、优势互补。一是建立制造业对外投资公共服务平台和出口产品技术性贸易服务平台，完善应对贸易摩擦和境外投资重大事项的协调机制和预警机制。二是结合"一带一路"重大对外投资合作项目和重大工程等，发挥钢铁、电解铝、水泥、平板玻璃、船舶等产业的技术、装备、规模优势，到资源富集、靠近目标市场的国家投资办厂或建设境外生产基地，提高企业跨国经营水平，拓展国际发展空间。

借助外力、提升能力。支持企业收购和用好国外优质无形资产。在支持企业"走出去"的过程中，加大对企业的激励，鼓励有实力的企业收购兼并国外企业和相关机构的专利、版权、设计和商标、软件、数据库、品牌、专有人力资本、人员机构网络等无形资产，提高对国外优质无形资产的整合能力，借助外力，提升制造业竞争力。通过让企业在国际市场经营，增强企业的全球竞争力和国际竞争力，培育出具有全球视角和影响力的企业。鼓励中外企业加强研发合作，支持符合条件的外商投资企业与内资企业、研究机构合作申请国家科技开发项目、创新能力建设项目等，鼓励跨国公司在华设立地区总部、研发中心、采购中心等功能性机构。

（三）建立符合国际通行规则的风险评估机制

一是实现信息共享。利用我驻外使领馆、海外中资机构、政策性开发银行海外国别工作组的优势，分门别类整理国别信息，实现信息共享，信息统一，建立一个国家级的信息评估库，打破"信息孤岛"。信息库内容可以国别为单位，对沿线国家的各项有关信息进行集成汇总，对沿线建设项目进行"入库"管理，对参与沿线建设的中资企业免费有序开放数据库，让企业在投资之前"心中有数"，防患于未然。

二是以制度约束风险。与"一带一路"沿线国家签订投资保护协定，保护"走出去"企业的权益。与相关国家建立合作区双边协商机制，将可能出现的风险通过双边协议、双边协商规避掉，构建一个风险的事前规避、事后依规处置的机制。

三是构建风险反馈报告机制。依托开发性金融机构海外分支机构多、人力资源丰富的优势，对项目进展以及沿线国家风险进行定期评估反馈，提前预判与及时处置相结合。以评估资金风险、信贷风险、国家政治风险为重点，正确评估不同地区对"一带一路"倡议的不同影响，细化对一些地区未来局势的风险评估，处理好与多元力量的竞合关系，形成于我有利的战略态势。

（四）统筹规划，做好衔接

科学合理规划，做好中央、地方两级规划的对接、评估工作。建议中央在汇集地方关于"一带一路"规划信息基础上进行统筹，对不适当的理念，对不合理的定位，对不完善的项目果断说"不"，指导地方在充分发挥积极性、挖掘本地资源优势的基础上科学制定相关发展规划。

附件：产业图谱

一、各省市"十四五"时期产业布局

1. 天津"十四五"时期产业布局

优势产业：航空航天、石油化工、装备制造、电子信息、生物医药、新能源新材料、轻工业、国防、现代物流、海洋经济。

重点招商引资产业：现代服务业的高端商业和电子商务，研发、结算中心和企业总部，现代物流业，金融业，文化产业等。打造移动互联、电子商务、智能城市、泛娱乐和信息安全5个创新型产业集群。

未来产业发展重点：壮大高端装备、新一代信息技术、航空航天、节能与新能源汽车、新材料、生物医药等十大先进制造产业；建设一批智能制造试点；推进创新平台建设，建成清华高端装备研究院、北大信息技术研究院等行业领先的研发转化平台，建设一批重点实验室、工程中心、企业技术中心、孵化器等创新机构。打造科技小巨人升级版，着力推进能力、规模、服务升级，科技型中小企业总量达到10万家，小巨人企业5000家，国家高新技术企业5000家；大力发展新型金融，建设一批运营平台、一批行业领先的创新型机构、一批具有国际影响力的金融品牌；推动文化产业成为国民经济支柱性产业。

2. 重庆"十四五"时期产业布局

优势产业：资源产业、装备制造业及高新技术产业。

重点招商引资产业：IT产业、汽车摩托车产业、高端设备、新材料、节能环保、新一代信息产品。

未来产业发展重点：引进和实施一批石墨烯、轨道交通装备、精细化工、生物医药、环保技术等重大项目，带动关联产业发展；深入落实《中国制造2025》，打造十大战略性新兴产业，力争形成万亿元产值；延伸汽车产业链，年产销量力争达到400万辆；提高电子信息产业研发制造能力和市场占有率；推动集成电路产业重点突破和整体提升，构建芯片、软件、整机、系统、信息服务全产业链；大液晶显示产业规模；加快培育机器人及智能装备产业，发展基于3D打印技术等新型制造方式；推进石墨烯在工业和消费领域的产业化应用，开发高端金属和纤维复合材料，打造新材料基地；瞄准通用航空器、轨道交通装备、高技术船舶主机与关键零部件，提升高端交通装备产业优势；加强页岩气开发央地合作和各类市场主体培育，构建勘探开发、加工应用、装备制造全产业链；拓展天然气化工上下游产业链，壮大精细化工产业集群；推进医药企业兼并重组和新药开发引进，发挥生物医药产业后发优势；提升环保技术装备水平和总包能力，形成对接市场、配套完备的环保产业集群；依托云计算数据中心优势，引进和培育数据储存、加工、增值应用企业，形成服务国内外的大数据产业链；创新发展电子商务，促进线上线下互动，完善跨境电商口岸通关、国际配送和结算服务体系，促进电子商务与其他产业融合发展；把旅游业培育成为支柱产业，建成国际知名旅游目的地；建设成为全国重要的电子商务、物联网、云计算大数据、智慧物流和数字内容产业中心，促进互联网与经济社会深度融合；务实推动"互联网+"和"+互联网"行动，以"互联网+"带动新兴产业发展，通过"+互联网"为传统产业插上互联网的翅膀。

3. 上海"十四五"时期产业布局

优势产业：现代服务业以及先进制造业。

重点招商引资产业：制造业、服务业、城市基础建设与公用事业及农林渔木业。

重点发展的六大工业：电子信息产品制造业、汽车制造业、石油化工及精细化工制造业、精品钢材制造业、成套设备制造业和生物医药制造业。

未来产业发展重点：加快发展文化创意产业；促进新技术、新模式、新业态、新产业"四新"经济发展；在民用航空发动机与燃气轮机、脑科学与人工智能等领域实施一批重大科技项目，在新能源汽车、机器人与智能制造等领域布局一批重大创新工程；推动大飞机、北斗卫星导航、集成电路等战略性新兴产业。

4. 江苏"十四五"时期产业布局

优势产业：电子信息产业、纺织产业、医药产业、建材产业、机械产业、石化产业、轻工产业、冶金产业。

重点招商引资产业：主导产业：电子信息、装备制造、石油化工；新兴产业：新能源、新医药、生物及新材料；传统产业：纺织、轻工、冶金、建材；生产服务业：物流、金融、服务、商业。

未来产业发展重点：以智能制造为主攻方向大力发展先进制造业。实施智能制造工程，建设一批智能工厂和智能车间；支持石墨烯产业发展；推动战略性新兴产业规模化发展，加快培育大数据、工业机器人等新增长点，建设一批战略性新兴产业集群；促进现代金融、科技服务、信息技术、现代物流等重点产业加快发展；打造一批互联网产业园和众创园、云计算和大数据中心，做强做大骨干企业；培育一批骨干文化企业和重点文化产业园区；提高农业产业化经营水平，延伸农业产业链和价值链；发展节能环保绿色产业。

5. 山东"十四五"时期产业布局

优势产业：轻工业、纺织、机械、化工、建材和冶金六大传统产业为工业主体。

重点招商引资产业：高新技术产业、装备制造业、现代农业、现代服务业、海洋产业。

未来产业发展重点：大力发展教育、医疗、养老、健康、旅游、文化、休闲、娱乐、体育等产业，引导各类服务业改善供给结构；下决心推动钢铁、煤炭、水泥、有色、船舶、玻璃、轮胎、地炼等行业去产能；加快食品、轻工、纺织、原材料等传统优势产业转型升级；培育发展新一代信息技术、轨道交通设备、海洋工程装备、先进机械设备、生物医药、新材料、新能源等新兴产业；推动其他各类知识密集型产业快速成长。

6. 北京"十四五"时期产业布局

优势产业：现代制造业、现代服务业、高新技术产业、都市型现代农业以及限制发展的产业（高耗能、高污染、低附加价值产业）。新一代信息技术、生物医药、新能源、节能环保、新能源汽车、新材料、高端装备制造和航空航天八大战略性新兴产业；金融业、批发和零售业、文化创意产业。

重点招商引资产业：工业、农业、商业、旅游业、金融保险业、文化社会事业、环保工业和基础设施。科技、医疗、养老等服务领域。鼓励跨国公司在北京设立地区总部、研发中心、采购中心、财务管理中心等功能性机构。

未来产业发展重点：发展节能环保产业、文化创意产业；促进健康、养老、体育产业发展；打造金融、信息、科技服务三大优势产业；力争在新能源汽车、集成电路、机器人、3D 打印等重点领域取得突破；积极发展大数据产业。

7. 广东"十四五"时期产业布局

优势产业：电子信息、电气机械、石油化工、纺织服装、食品饮料、建筑材料、造纸、医药、汽车九大支柱产业，造船、轨道交通装备、核电装备、风电装备、通用飞机等先进制造业。

重点招商引资产业：高端新型电子信息、新能源汽车、半导体照明（LED）、生物、高端装备制造、节能环保、新能源和新材料等战略性新兴产业。另外也重点发展现代服务业、先进制造业、传统产业转型升级、健康卫生等新型产业、高技术产业等。

未来产业发展重点：发展"工作母机"类装备制造业；加快高档数控机床和机器人等智能装备的研发和产业化，打造一批智能制造示范基地；培育壮大一批工业机器人制造企业，实施机器人示范应用计划；大力发展工业互联网，促进生产型制造向服务型制造转变；做大做强战略性新兴产业，推进新一代显示技术等 6 个产业区域集聚发展试点，培育 3D 打印、可穿戴设备等新兴产业；推进海洋经济综合试验区建设，发展海洋经济；加快发展节能环保产业；打造跨境电商产业功能区，支持有条件的城市申报跨境电商综合试验区；发展影视传媒、动漫游戏、广告创意等文化产业集群。

8. 浙江"十四五"时期产业布局

优势产业：纺织、化工、医药、机械、电子等产业。

重点招商引资产业：纺织、化工、医药、机械、电子等产业。

未来产业发展重点：重点抓好以互联网为核心的信息经济，逐步形成以现代农业为基础、信息经济为龙头、先进制造业和现代服务业为主体的产业结构；加快规划建设杭州城西科创大走廊、钱塘江金融港湾、乌镇互联网创新发展试验区；推进农业全产业链建设，建设一批农业产业集聚区。

9. 四川"十四五"时期产业布局

优势产业：资源产业、农产品加工业、装备制造业及高新技术产业。

重点招商引资产业：机械产业、信息产业及医药产业。

未来产业发展重点"7+7+5"产业，七大优势产业、七大战略性新兴产业和五大高端成长型产业：建设世界级钒钛产业基地、全国重要的稀土研发制造中心；发展现代农业和健康养老旅游业；发展川西北生态经济区全域旅游，建设川藏世界旅游目的地；启动实施制造业创新中心建设、高端装备创新研制及智能制造等一批重大工程；大力发展云计算、大数据产业。培育石墨烯、北斗卫星导航、机器人、生物医药等新兴产业；培育知识产权密集型产业；着力提高电子信息、汽车制造产业本地配套率；支持川酒、川茶、川菜、川药等特色优势产业；推动节能环保装备产业发展。

10. 福建"十四五"时期产业布局

优势产业：电子信息业、机械制造业、石油化工业及高新技术产业及传统优势行业。

重点招商引资产业：种养殖业等第一产业，石化、电子、机械、轻纺、能源、医药等第二产业及城市公用设施、交通运输、旅游、物流、教育、医疗卫生、中介服务等第三产业。

未来产业发展重点：重点发展智能制造、"绿色制造"、服务型制造、数控技术和智能装备、新一代信息技术、生物与新医药、新材料、新能源、节能环保等新兴产业；2020 年，电子、石化、机械三大主导产业和海洋经济产值均超万亿元；旅游、物流、金融成为新的主导产业；做大特色优势农业。

11. 山西"十四五"时期产业布局

优势产业：煤化工产业、装备制造业、材料工业、旅游业、电子信息、生物技术、新能源、特色农业和农畜产品加工业、服务业、基础设施、社会事业及煤炭、焦炭、冶金、电力传统优势产业的技术提升改造。

未来产业发展重点：加快发展七大非煤产业；加快推进风电、光伏发电和生物质能发电、煤基清洁能源；重点发展轨道交通、煤机、煤层气、电力、煤化工等装备制造产业；积极发展特色食品、现代医药产业；大力发展电动汽车产业；发展旅游业、研发设计、检验检测、知识产权服务等高技术服务业、健康养老产业等现代服务业；加快云计算、大数据、物联网、移动互联网等与现代制造业、现代农业、现代服务业深度融合，发展分享经济。

12. 安徽"十四五"时期产业布局

优势产业：汽车及工程机械、家用电器行业、电子信息产品制造业、软件业、新型建材工业及矿产资源的开发利用、能源、建材、冶金、有色、化工。

未来产业发展重点：大力发展现代服务业。实施服务业主导产业培育计划；促进现代物流、信息服务、健康服务等产业规模化、高端化发展；发展分享经济，促进互联网与经济社会融合发展；建设互联网文化产业和创意文化产业综合试验基地；加快发展量子通信、航空动力、高端医疗装备等新兴产业；培育壮大科技服务、工业设计、检验检测等新兴服务业。

13. 江西"十四五"时期产业布局

优势产业：飞机、陶瓷、铜冶炼。

未来产业发展重点：在电子信息、航空制造、生物医药、节能环保、新能源等领域实施一批重大产业项目；推进 LED 产业基地建设；加快大数据、云计算的开发应用；实施"互联网+智能制造"行动计划；培育发展高档数控机床、工业机器人、3D 打印、北斗导航等产业；积极发展文化创意产业。

14. 河南"十四五"时期产业布局

优势产业：化学制品、氧化铝、电解铝、整车产品、粮食制成品、装备制造业、彩电玻壳、新型电池、血液制品、抗生素原料药和超硬材料。

未来产业发展重点：重点推动高端装备制造业，包括电气装备、矿山装备、现代农机、数控机床、机器人等；龙头带动、集群配套为抓手促进电子信息产业加快发展；重点发展智能终端、智能穿戴生产能力、软件开发、动漫游戏、移动多媒体等产业；加快发展冷链、休闲、健康、饮品、配餐、主食等食品产业；重点突破电池、电机、电控等关键核心技术和相关零部件产业，加速电动汽车产业化。钢铁、电解铝等产业扩大精深加工产品；推动生物医药产业加速发展；发展节能环保产业和环保装备产业化。

15. 湖南"十四五"时期产业布局

优势产业：烟草、钢铁、机电制造、高新技术产业、生物医药。

未来产业发展重点：抓好电力机车工程实验室及智能制造车间等重点项目建设；推动装备制造、钢铁、有色、石化等传统产业绿色化；促进新能源、新材料、电子信息、生物医药、通用航空、两型住宅等新兴产业规模化、集约化成长；加快培育新能源汽车、高性能数字芯片、智能电网、3D 打印、工业机器人等新增长点；推进浮空器、高效液力变矩器、北斗卫星应用等产业项目建设；加快发展金融保险、研发设计、检测检验、信息技术服务、商务咨询等生产性服务业；完善云计算、大数据平台。

16. 湖北"十四五"时期产业布局

优势产业：冶金、汽车、纺织、建材。

未来产业发展重点：大力发展生态旅游、生态农业、健康养生、节能环保等产业；加快先进制造业发展，加快形成 2～3 个产值过万亿的产业；实施大数据发展行动计划；盯紧光电子、3D 打印与新一代信息技术等 15 个重点产业领域；实施智能制造等九大工程；促进新一代信息技术等十大产业领域实现突破发展；培育 30 个新兴领域重点成长型产业集群。

17. 河北"十四五"时期产业布局

未来产业发展重点：推广冰雪运动、发展冰雪产业，打造京张体育文化旅游产业带；壮大保定汽车、石家庄通用航空、唐山动车城、秦皇岛汽车零部件等先进装备制造基地；推进沧州激光、邢台新能源汽车业园；做强光伏、风电、智能电网三大新能源产业链；建设"京津冀大数据走廊"；培育壮大节能环保监测、治理装备产业；推动旅游产业发展；畜牧、蔬菜、果品三大优势主导产业。

18. 辽宁"十四五"时期产业布局

未来产业发展重点：促进机器人、航空航天、生物医药、节能环保、新型海工装备等战略性新兴产业加快发展；发展满足市场需求的电子信息、纺织服装、食品加工等轻工业；实施"互联网+"行动计划，推动移动互联网、云计算、大数据、物联网等与现代制造业结合；电子商务、工业互联网和互联网金融健康发展；支持快递物流产业园区建设；加快发展临港、临空产业。

19. 陕西"十四五"时期产业布局

未来产业发展重点：启动"中国制造 2025"陕西行动计划，重点发展电子信息、航空航天、新能源汽车、3D 打印、机器人、高端芯片制造、智能终端生产等产业；推进汽车基地和新能源汽车研发；以国家基金图推动航空发动机专项和集成电路产业发展；建立航空及航空服务业和卫星应用产业聚集区；超前部署石墨烯、量子通信、第五代移动通信、自旋磁存储等项目。

20. 贵州"十四五"时期产业布局

未来产业发展重点：实施大数据战略行动，积极发展大数据核心业态、关联业态和衍生业态；实施智能制造试点示范项目；建设一批新型材料产业基地；促进航空航天、智能终端、高端数控机床、新能源汽车等装备制造业；发展文化创意产业，建设一批特色文化产业基地。

21. 云南"十四五"时期产业布局

未来产业发展重点：培育现代生物、新能源、新材料、先进装备制造、电子信息等重点产业；培育云计算、大数据、物联网、移动互联网应用产业；重点发展数字技术、智能制造等新一代信息技术产业、电子信息产品制造业和信息服务产业；培育生态文化、养生休闲、大健康、文化创意、民族时尚创意等服务业。

22. 黑龙江"十四五"时期产业布局

未来产业发展重点：推动钛合金、3D打印、机器人、复合材料、石墨烯产业发展；大力发展旅游业，培育冰雪体育产业；鼓励和引导社会力量投资养老健康产业；积极发展文化产业；推动信息服务产业发展，建立大数据中心。

23. 广西"十四五"时期产业布局

未来产业发展重点：拉长糖业产业链；推动铝产业集群发展；加快移动互联网、云计算、大数据、物联网等信息技术发展；重点发展新一代信息技术、北斗导航、地理信息、智能装备制造、节能环保、新材料、新能源汽车、新能源、生物医药、大健康、人工智能、高效储能、生命科学等新兴产业。

24. 新疆"十四五"时期产业布局

未来产业发展重点：把文化产业建成国民经济支柱性产业，加快培育新型文化业态；打造能源化工材料产业基地；石油石化、煤炭等产业链向中下游延伸；发展新能源、新材料、先进装备制造、生物医药等战略性新兴产业；发展集生态农业、医疗保健、体育健身、休闲旅游、养老服务为一体的健康产业。

25. 内蒙古"十四五"时期产业布局

未来产业发展重点：加快煤炭深加工、精细化工、有色深加工等重点项目建设；促进现代煤化工向下游延伸、有色金属生产加工和装备制造向高端发展、农畜产品向终端拓展；大力推进协同制造、智能制造，做大装备制造业；拓展锂电池、永磁材料产业链，努力做大电动汽车产业；大力发展文化产业，用好文化产业发展基金。

26. 吉林"十四五"时期产业布局

未来产业发展重点：发展无人机产业，无人机产业产值增长50%以上；加快推进云计算、大数据、空间地理信息集成、灾备中心等项目；战略性新兴产业深入实施九大行动计划，培育发展新材料、新一代信息技术、生物医药、高性能医疗器械等新兴产业。

27. 甘肃"十四五"时期产业布局

未来产业发展重点：培育壮大战略性新兴产业，推动大数据、新材料、生物制药及中藏药、先进装备制造、节能环保等产业发展；发展现代服务业，包括文化产业、健康养老产业、文化旅游产业等。

28. 宁夏"十四五"时期产业布局

未来产业发展重点：瞄准新材料、智能制造、生物制药、节能环保等中高端产业；抓好3D打印、数控机床、高端轴承、碳基材料等项目；光伏发电装备、风机制造等上下游产业协同发展；培育信息产业，支持软件、游戏等产业发展，引进智能终端、可佩戴设备等信息装备企业；培育壮大创意、动漫、影视等文化产业。

29. 海南"十四五"时期产业布局

未来产业发展重点：发展新兴产业，培育壮大软件业、电商业、服务外包等产业，建立和运用大数据、云计算，提高互联网产业规模化水平；扶持发展海洋运输、海洋装备制造、海洋生物医药、海水淡化等海洋新兴产业，促进临港产业加速发展；十二个重点产业：旅游产业，热带特色高效农业，互联网产业，医疗健康产业，金融保险业，会展业，现代物流业，油气产业，医药产业，低碳制造业，房地产业，高新技术、教育、文化体育产业。

30. 青海"十四五"时期产业布局

未来产业发展重点：改造提升盐湖化工、有色冶金等传统产业，延伸补强下游精深加工产业链；发展轻工纺织、饮用水、中藏药加工、民族用品等消费品工业；发展生态环境最具"亲和力"的旅游产业。

31. 西藏"十四五"时期产业布局

未来产业发展重点：大力发展特色优势产业；加快旅游产业大发展；加快发展唐卡、藏毯、演艺等特色文化产业，推动国家级文化产业示范区、藏羌彝文化产业走廊建设；加快发展保健食饮品、休闲健身、康复疗养等健康产业。

二、国内重点城市群产业链布局情况

城市群是承载产业链供应链的重要载体，目前国内第一梯队的城市群如：京津冀、长三角、珠三角、成渝、长江中游等城市群——优化提升。

第二梯队城市群如：山东半岛、粤闽浙沿海、中原、关中平原、北部湾等城市群——发展壮大。第三梯队的城市群如：哈长、辽中南、山西中部、黔中、滇中、呼包鄂榆、兰州—西宁、宁夏沿黄、天山北坡等城市群——培育发展。

1. 哈长城市群产业链体系：该区域是全国重要的老工业基地和最大的商品粮基地，煤炭、石油、天然气等资源禀赋条件良好，已形成以装备、汽车、石化、能源、医药、农产品加工等为主体的工业体系，边境贸易、国际物流等服务业快速发展，开放型经济体系初步形成。

2. 辽中南城市群产业链：已形成装备制造、汽车、能源、医药、电子信息等为主体的工业体系。

3. 京津冀城市群产业链：北京发展服务经济、知识经济、"绿色经济"，构建高精尖经济结构。天津发展航运物流和航空航天、生物医药、节能环保等战略性新兴产业，打造全国先进制造研发基地及生产性服务业集聚区。河北积极承接首都产业功能转移和京津科技成果转化，大力发展先进制造业、现代服务业和战略性新兴产业。

4. 山东半岛城市群产业链：东营、淄博发展石化和医药产业带，山东济南发展电子信息产业带，山东青岛、日照发展家电制造产业带，烟台、威海发展汽车制造产业带，潍坊、即墨发展纺织服装产业带，日照、青岛、威海、烟台发展海洋产业带。

5. 中原城市群产业链：主要发展装备制造、智能终端、有色金属、食品等产业集群优势明显，物流、旅游等产业具有一定国际影响力。

6. 长三角城市群产业链：南京都市圈打造成为区域性创新创业高地和金融商务服务集聚区。杭州都市圈培育发展信息经济等新业态新引擎。合肥都市圈加快建设承接产业转移示范区。苏锡常都市圈发展先进制造业和现代服务业集聚区。宁波都市圈加快建设现代化综合枢纽港、国际航运服务基地和国际贸易物流中心。沪宁合杭甬发展带发展服务经济和创新经济。沿江发展带发展临港制造和航运物流业，建设科技成果转化和产业化基地。沿海发展带培育临港制造业、海洋高新技术产业、海洋服务业和特色农渔业。沪杭金发展带建成为以高技术产业和商贸物流业为主的综合发展带。

7. 长江中游城市群产业链：工业门类较为齐全，形成了以装备制造、汽车及交通运输设备制造、航空、冶金、石油化工、家电等为主导的现代产业体系，战略性新兴产业和服务业发展迅速。

8. 粤闽浙沿海城市群产业链：发展电子、石化等产业，建立现代高附加值的临港重化工产业群。

9. 珠三角城市群产业链：在珠江东岸，以深圳、东莞、惠州为主体，形成了全国著名的电子信息产业走廊；在珠江西岸，以佛山、中山、珠海、广州为主体，形成了电子、电气机械产业集群。

10. 北部湾城市群产业链：南宁强化国际合作、金融服务、信息交流、商贸物流、创业创新等核心功能，建设现代产业集聚区，规划建设五象新区等对外开放合作平台，构建"一带一路"有机衔接的门户枢纽城市和内陆开放型经济高地。海口推进海澄文一体化，加快建设海岛及南海海洋研发和综合产业开发基地；湛江加快构建区域性综合交通枢纽、先进制造业基地和科教创新中心，建设全国海洋经济创新发展示范城市、生态型海湾城市。

11. 滇中城市群产业链：昆明市重点布局发展生物医药和大健康、新材料、先进装备制造、数字经济等产业的同时，加快旅游、文化、现代物流、金融保险等现代服务业发展。曲靖市重点布局发展先进制造业、绿色食品、现代服务业等产业。玉溪市重点布局发展卷烟及配套、矿冶及装备制造、生物医药和大健康及文化旅游等产业。楚雄州重点布局发展烟草及配套、生物医药和大健康及文化旅游等产业。红河州北部7县、市重点发展现代农业及绿色加工产业、有色金属与新材料及电子设备制造产业、文化旅游及通用航空产业。

12. 黔中城市群产业链：贵阳—安顺经济带重点发展高端装备制造、资源精深加工、旅游等产业，加快与滇中城市群等区域合作；贵阳—都匀—凯里经济带重点发展生态旅游、特色农产品加工和商贸物流业，并培育一批承接产业转移示范基地；贵阳—遵义经济带重点发展装备制造、旅游、特色轻工等产业，打造高铁沿线无障碍物流"绿色通道"；贵阳—毕节经济带在加快发展装备制造业的同时，积极推动能源电力等传统工业转型升级，促进资源精深加工。对于处于重要节点的遵义、安顺、毕节、凯里和都匀5座区域中心城市将积极完善功能，加快人口和产业聚集，提升辐射带动功能，成为所在地区的旅游中心、商贸物流中心和产业基地。

13. 成渝城市群产业链：成德绵乐城市带围绕电子信息、装备制造、航空航天、科技服务、商贸物流等产业，打造创新驱动的特色产业集聚带。增强泸州、宜宾、涪陵、长寿、万州等产业园区支撑作用，建设临港产业、特色产业和现代物流基地。成都增强成都西部地区重要的经济中心、科技中心、文创中心、对外交往中心和综合交通枢纽功能，加快天府新区和国家自主创新示范区建设，完善对外开放平台，提升参与国际合作竞争层次。重庆充分发挥长江上游地区经济中心、金融中心、商贸物流中心、科技创新中心、航运中心的作用，加快两江新区建设，全面增强集聚力、辐射力和竞争力。

14. 山西中部盆地城市群产业链：太原加快建设服务区域、功能完善、富有吸引力的发展核心区，借力山西转型综改示范区、国家农业高新技术产业示范区等功能区建设，平遥重点提升市域旅游服务能力和水平，介休重点发挥交通、资源和特色产业优势，提高区域性综合服务能力，建设中部盆地城市群南部重要交通物流枢纽。"祁太平""介孝汾"组团，"祁太平"组团重点发展现代农业、生态旅游、玻璃器皿制造等优势产业，介孝汾组团重点发展精细煤化工、新材料、机械制造、现代物流等产业。

15. 呼包鄂榆城市群产业链：呼包鄂榆发展轴要加快能源化工、装备制造、现代农牧等主导产业和新材料、大数据云计算、生物科技等战略性新兴产业以及现代服务业发展，不断提升中心城市人口和产业集聚能力。沿黄生态文化经济带合理布局沿岸产业，有序推进绿色农畜产品生产和沿黄河风景带旅游发展，加快沿黄生态、经济、文化走廊建设，加强黄河流域环境保护和污染治理，夯实城市群发展基础。包头市着力发展稀土新材料、新型冶金、现代装备制造、绿色农畜产品精深加工等产业，打造城市群创新型企业孵化基地和具有全球影响的"稀土+"产业中心。鄂尔多斯市要推进国家高新技术产业园区、装备制造基地、空港园区、综合保税区建设，打造资源精深加工中心和一流的能源化工产业示范基地。榆林市要提升现代特色农业，发展高端能源化工产业，建设现代特色农业基地和高端能源化工基地。

16. 关中平原城市群产业链：关中平原城市群要发展成为全国重要的装备制造业基地、高新技术产业基地、国防科技工业基地，其中，能源化工、高端装备制造、航空、航天、新一代信息技术、船舶、兵器、军工电子、新材料等为优势产业；3D 打印、生物医药、新材料、集成电路、人工智能等为未来要着力打造的战略性新兴产业。

17. 宁夏沿黄城市群产业链：银川着力培育高新技术产业和现代服务业；石嘴山市建成山水园林特色的新型工业城市和沿黄城市带北部的副中

心城市；吴忠深度开发穆斯林产业，建成商贸发达、回乡风貌浓郁的滨河水韵城市；中卫市依托建成特色鲜明的生态旅游文化城市和交通枢纽城市，成为沿黄城市带南部的副中心城市。平罗、贺兰、永宁、灵武、青铜峡、中宁及其所属若干建制镇，则充分发挥承接产业转移、带动农村发展、吸引人口集聚、支撑城市网络体系的重要作用。

18. 兰州—西宁城市群产业链：兰州—白银都市圈要推动石油化工、有色冶金等传统优势产业转型升级，做大做强高端装备制造、新材料、生物医药等主导产业；西宁—海东都市圈要重点发展新能源、新材料、生物医药、装备制造、信息技术等产业；定西、临夏、海北、海南、黄南等市区（州府）和实力较强的县城，要依托地方特色资源，大力发展农畜产品精深加工、新能源、商贸物流、特色文化旅游等产业，因地制宜在黄河沿岸发展库区经济。

19. 天山北坡城市群产业链：乌鲁木齐主要打造化工、先进装备、新材料、新能源、信息、轻工业、金属制品、纺织服装八大产业集群及产业集聚区。同时大力发展以新材料、新能源、高端装备制造、生物医药、智能终端、节能环保等为主的战略性新兴产业，打造产业集群，延伸产业链条，激活经济发展新动能。

主要参考文献

［1］金泓汎．应用发展经济学通论［M］．北京：中国经济出版社，2005.

［2］洪银兴，林金锭．发展经济学通论［M］．南京：江苏人民出版社，1990.

［3］谭崇台．发展经济学概论［M］．武汉：武汉大学出版社，2001.

［4］杨公朴．产业经济学［M］．上海：复旦大学出版社，2005.

［5］杨公朴，夏大慰．现代产业经济学［M］．上海，上海财经大学出版社，2003.

［6］文启湘．产业经济学理论前沿［M］．北京：社会科学文献出版社，2005.

［7］奥兹·夏伊．产业组织理论与方法［M］．北京：清华大学出版社，2005.

［8］多纳德·海，德里克·莫瑞斯．产业经济学与组织［M］．钟鸿钧，等译．北京：经济科学出版社，2001.

［9］西蒙·库兹涅茨．各国的经济增长［M］．北京：商务印书馆，1985.

［10］西蒙·库兹涅茨．现代经济增长［M］．北京经济学院出版社，1989.

［11］陈冬．新型工业化理论与实证分析［M］．社会科学文献出版社，2006.

［12］吴敬琏．中国经济增长模式的抉择［M］．上海：远东出版社，2005.

［13］中国社会科学院世界经济与政治研究所．主要资本主义国家经济统计集（1848—1960）［M］．北京：世界知出版社，1962.

［14］中国社会科学院世界经济与政治研究所．世界经济统计手册［M］．北京：中国社会科学出版社，1981.

［15］汪斌．国际区域产业结构分析导论［M］．上海：人民出版社，2001．

［16］方甲．产业结构研究［M］．北京：中国人民大学出版社，1997．

［17］世界银行．世界发展指标2004［M］．北京：中国财政经济出版社，2005．

［18］刘洪．国际统计年鉴2002［M］．北京：中国统计出版社，2002．

［19］李江帆．中国第三产业发展研究［M］．北京：人民出版社，2005．

［20］傅春红，等．中美主要宏观经济指标比较研究［M］．北京：人民出版社，2005．

［21］世界银行．2005年世界发展指标［M］．北京：中国财政经济出版社，2004．

［22］B.R.米切尔．帕尔雷夫世界历史统计（美洲卷和欧洲卷）［M］．贺力平，译．北京：经济科学出版社，2002．

［23］中国统计局．2005中国统计年鉴［M］．北京：中国统计出版社，2005．

［24］中国统计局．2005国际统计年鉴［M］．北京：中国统计出版社，2005．

［25］任若恩．关于中国制造业国际竞争力的进一步研究［J］．经济研究，1998（2）．

［26］郭克莎．中国工业化的进程、问题与出路［J］．中国社会科学，2000（3）．

［27］世界银行．2001世界发展指标［M］．北京：中国财政经济出版社，2002．

［28］周毅．信息化与工业化［J］．中国经贸导刊，2002（24）．

［29］苏威．欧美主要发达国家工业化规律初探［J］．北京工商大学学报（社会科学版），2001（6）．

［30］杜人淮．国防工业与新中国工业化的发展［J］．南京政治学院学报，2003（4）．

［31］郑吉昌，夏晴．论新型工业化和现代服务业的互动发展［J］．社会科学家，2004（6）．

［32］陈佳贵，黄群慧．工业化的标志、衡量指标及对中国工业的初步

评价 [J]. 中国社会科学, 2003 (3).

[33] 任保平. 工业反哺农业：我国工业化中期阶段的发展战略转型及其政策取向 [J]. 西北大学学报 (哲学社会科学版), 2005 (4).

[34] 徐康宁, 王剑. 中国工业化进程：国际比较与复合型发展战略取向 [J]. 江海学刊, 2005 (3).

[35] 国家统计局. 中华人民共和国 1978—2005 年国民经济和社会发展统计公报, http: //www. stats. gov. cn/tjgb/.

[36] 吕政, 黄群慧, 吕铁, 等. 中国工业化、城市化的进程与问题——"十五"时期的状况与"十一五"时期的建议 [J]. 中国工业经济, 2005 (12).

[37] 姜作培. 新型工业化：构建和谐社会的必然选择 [J]. 现代经济探索, 2006 (2).

[38] 苏东水. 产业经济学 [M]. 北京：高等教育出版社, 2000.

[39] 洪银兴, 等. 转轨时期中国经济运行与发展 [M]. 北京：经济科学出版社, 2002.

[40] 马洪, 王梦奎. 中国发展研究 [M]. 北京：中国发展出版社, 2004.

[41] 郭克莎. 中国工业化的进程问题与出路 [J]. 中国社会科学, 2000 (3).

[42] 宗兆礼. 我国重化工业时期的产业政策研究 [J]. 宏观经济管理, 2006 (3).

[43] 谢洪波. 抓住"黄金发展期"的历史机遇 [J]. 宏观经济管理, 2006 (2).

[44] 李振京. 加强国家创新体系建设提高我国自主创新能力 [J]. 宏观经济管理, 2006 (2).

[45] 刘满平. 我国产业结构调整与能源协调发展 [J]. 宏观经济管理, 2006 (2).

[46] 常修泽. 对转型期服务业发展的在认识 [J]. 宏观经济管理, 2006 (2).

[47] 袁乾培. 转变增长方式：协调发展的必由之路 [J]. 宏观经济管理, 2006 (1).

[48] 刘刚, 焦建云. 我国资源、环境特征与可持续发展战略 [J]. 宏

观经济管理，2006（1）.

　　[49] 汪斌. 全球化浪潮中当代产业结构的国际化研究——以国际区域为新切入点 [M]. 北京：中国社会科学出版社，2004.

　　[50] 陈佳贵，黄群慧，王延中，等著. 中国工业现代化问题研究 [M]. 北京：中国社会科学出版社，2004.

　　[51] 李江帆. 中国第三产业发展研究 [M]. 北京：人民出版社，2005.

　　[52] 杰拉尔德·迈耶，约瑟夫·斯蒂格利茨. 发展经济学的前沿——未来展望 [M]. 北京：中国财政经济出版社，2003.

　　[53] 杨晓凯. 发展经济学——超边际与边际分析 [M]. 北京：社会科学文献出版社，2003.

　　[54] [美] 迈克尔·波特. 国家竞争优势 [M]. 李明轩，等译. 北京：华夏出版社，2002.

　　[55] 盛世豪，郑燕伟. "浙江现象"——产业集群与区域经济发展 [M]. 北京：清华大学出版社，2004.

　　[56] 郭克莎. 适度重型化应发挥比较优势 [N]. 深圳商报，2004-02-09.

　　[57] 孙丕恕. 加强国家资源引导提升高端应用技术创新，新华网. 2006-03-08.

　　[58] 加快我国工业改组改造和结构优化升级，国家经贸委主任李荣融在全国"十五"工业结构调整工作会议上的讲话（摘要）.

　　[59] 裴长洪. 吸收外商直接投资与产业结构优化升级——"十一五"时期利用外资政策目标思考 [J]. 中国工业经济，2006（1）.

　　[60] 吕政. 中国能成为世界工厂吗？ [M]. 北京：经济管理出版社，2003.

　　[61] 郭克莎. 结构优化与经济发展 [M]. 广州：广东经济出版社，2001.

　　[62] 刘志标，王国生，安国良. 现代产业经济分析 [M]. 南京：南京大学出版社，2001.

　　[63] 连玉明. 中国国力报告2003 [M]. 北京：中国时代经济出版社，2004.

　　[64] 胡长顺.21世纪中国新工业化战略与西部大开发 [M]. 北京：中

国计划出版社，2002.

[65] 陈佳贵，黄群慧. 工业化的标志、衡量指标及对中国工业的初步评价 [J]. 中国社会科学，2003（3）.

[66] 国家计委研究所课题组. 我国工业化进程中的矛盾及政策构想 [J]. 中国工业经济，1993（7）.

[67] 裴长洪. 吸收外商直接投资与产业结构优化升级 [J]. 中国工业经济，2006（1）.

[68] 潘理权. 经济全球化的实质与表现 [J]. 技术经济，2001（1）.

[69] 王强. "十五"时期我国经济和社会发展水平的国际比较，国家统计局信息中心网页.

[70] 魏杰. 中国应成为何种制造中心 [N]. 中华工商时报，2003-01-07.

[71] 常进雄，楼铭铭. 关于我国工业部门就业潜力问题的研究 [J]. 上海财经大学学报，2004（3）.

[72] 蔡昉，都阳，等. 就业弹性、自然失业和宏观经济政策 [J]. 经济研究，2004（9）.

[73] 郭克莎，王研中. 中国产业结构变动趋势及政策研究 [M]. 北京：经济管理出版社，1999.

[74] 许明. 关键时刻当代中国亟待解决的27个问题 [M]. 北京：今日中国出版社，1997.

[75] 查道炯. 从国际关系角度看中国的能源安全 [J]. 国际经济评论，2005：11-12.

[76] 刘志平，蒋汉华. 钢铁工业提高能效对环境的影响 [J]. 北京能源效率中心.

[77] 韩文科. 能源现状和发展趋势 国家发展和改革委能源研究所，2006.

[78] 王仲颖，张正敏. 我国可再生能源的成就与发展对策 [J]. 中国科技成果，2005（13）.

[79] 霍雅勤. 中国能源现状及可持续利用对策 [J]. 中国国土资源经济研究院.

[80] 胥树凡. 我国发展循环经济和生态工业的现状和展望 [J]. 第三届贝迩工商管理与环境教育国际研讨会，2003（10）.

［81］金碚．资源与环境约束下的中国工业发展［J］．中国工业经济，2005（4）．

［82］黄群慧，余泳泽，张松林．互联网发展与制造业生产率提升：内在机制与中国经验［J］．中国工业经济，2019（8）：5-23．

［83］陈昌兵．新时代我国经济高质量发展动力转换研究［J］．上海经济研究，2018（5）：16-24，41．

［84］周茂，陆毅，杜艳，等．开发区设立与地区制造业升级［J］．中国工业经济，2018（3）：62-79．

［85］阳立高，龚世豪，王铂，等．人力资本、技术进步与制造业升级［J］．中国软科学，2018（1）：138-148．

［86］许和连，成丽红，孙天阳．制造业投入服务化对企业出口国内增加值的提升效应——基于中国制造业微观企业的经验研究［J］．中国工业经济，2017（10）：62-80．

［87］黄群慧．论新时期中国实体经济的发展［J］．中国工业经济，2017（9）：5-24．

［88］余东华，孙婷．环境规制、技能溢价与制造业国际竞争力［J］．中国工业经济，2017（5）：35-53．

［89］苏杭，郑磊，牟逸飞．要素禀赋与中国制造业产业升级——基于WIOD 和中国工业企业数据库的分析［J］．管理世界，2017（4）：70-79．

［90］刘斌，王乃嘉．制造业投入服务化与企业出口的二元边际——基于中国微观企业数据的经验研究［J］．中国工业经济，2016（9）：59-74．

［91］童健，刘伟，薛景．环境规制、要素投入结构与工业行业转型升级［J］．经济研究，2016，51（7）：43-57．

［92］程虹，刘三江，罗连发．中国企业转型升级的基本状况与路径选择——基于 570 家企业 4794 名员工入企调查数据的分析［J］．管理世界，2016（2）：57-70．

［93］戴翔．中国制造业国际竞争力——基于贸易附加值的测算［J］．中国工业经济，2015（1）：78-88．

［94］阳立高，谢锐，贺正楚，等．劳动力成本上升对制造业结构升级的影响研究——基于中国制造业细分行业数据的实证分析［J］．中国软科学，2014（12）：136-147．

［95］黄群慧．"新常态"、工业化后期与工业增长新动力［J］．中国

工业经济，2014（10）：5-19.

［96］孔伟杰．制造业企业转型升级影响因素研究——基于浙江省制造业企业大样本问卷调查的实证研究［J］．管理世界，2012（9）：120-131.

［97］简兆权，伍卓深．制造业服务化的路径选择研究——基于微笑曲线理论的观点［J］．科学学与科学技术管理，2011，32（12）：137-143.

［98］金碚．中国工业的转型升级［J］．中国工业经济，2011（7）：5-14，25.

［99］魏后凯，年猛，李玏．"十四五"时期中国区域发展战略与政策［J］．中国工业经济，2020（5）：5-22.

［100］中国社会科学院工业经济研究所课题组，史丹．"十四五"时期中国工业发展战略研究［J］．中国工业经济，2020（2）：5-27.

［101］李春发，李冬冬，周驰．数字经济驱动制造业转型升级的作用机理——基于产业链视角的分析［J］．商业研究，2020（2）：73-82.

［102］原毅军，陈喆．环境规制、"绿色技术"创新与中国制造业转型升级［J］．科学学研究，2019，37（10）：1902-1911.

［103］吕文晶，陈劲，刘进．工业互联网的智能制造模式与企业平台建设——基于海尔集团的案例研究［J］．中国软科学，2019（7）：1-13.

［104］郭朝先．产业融合创新与制造业高质量发展［J］．北京工业大学学报（社会科学版），2019，19（4）：49-60.

［105］赵玉林，裴承晨．技术创新、产业融合与制造业转型升级［J］．科技进步与对策，2019，36（11）：70-76.

［106］余东华，田双．嵌入全球价值链对中国制造业转型升级的影响机理［J］．改革，2019（3）：50-60.

［107］高青松，李婷．"中国制造2025"研究进展及评述［J］．工业技术经济，2018，37（10）：59-66.

［108］马盈盈，盛斌．制造业服务化与出口技术复杂度：基于贸易增加值视角的研究［J］．产业经济研究，2018（4）：1-13，87.

［109］原毅军，郭然．生产性服务业集聚、制造业集聚与技术创新——基于省际面板数据的实证研究［J］．经济学家，2018（5）：23-31.

［110］刘友金，周健．"换道超车"：新时代经济高质量发展路径创新［J］．湖南科技大学学报（社会科学版），2018，21（1）：49-57.

［111］胡昭玲，夏秋，孙广宇．制造业服务化、技术创新与产业结构

转型升级——基于 WIOD 跨国面板数据的实证研究［J］. 国际经贸探索，2017，33（12）：4-21.

［112］赵西三. 数字经济驱动中国制造转型升级研究［J］. 中州学刊，2017（12）：36-41.

［113］石喜爱，季良玉，程中华."互联网+"对中国制造业转型升级影响的实证研究——中国 2003—2014 年省际面板数据检验［J］. 科技进步与对策，2017，34（22）：64-71.

［114］魏龙，王磊. 全球价值链体系下中国制造业转型升级分析［J］. 数量经济技术经济研究，2017，34（6）：71-86.

［115］张其仔，李蕾. 制造业转型升级与地区经济增长［J］. 经济与管理研究，2017，38（2）：97-111.

［116］章立东."中国制造 2025"背景下制造业转型升级的路径研究［J］. 江西社会科学，2016，36（4）：43-47.

［117］中国教育科学研究院课题组，田慧生，曾天山，等. 完善先进制造业重点领域人才培养体系研究［J］. 教育研究，2016，37（1）：4-16.

［118］童有好. 互联网+制造业的路径与机遇［J］. 企业管理，2015（6）：6-11.

［119］H. A. Simon and C. P. Bonini, The Size Distribution of Business Firms. American Economic Review, Sept. 1958.

［120］Edwin Mansfield, Entry, Gibrat's Law, Innovation and the Growth of the firm. American Economic Review, Dec. 1962.

［121］Boyan Jovanovic and Glenn M. Mac. Donald, The Life Cycle of A Competitive Industry. Journal of Political Economy, April, 1994.

［122］David S. Evans, Test of Alternative Theories of Firm Growth. Journal of Political Economy Vol. 95, No. 4, 1987.

［123］Steven Klepper, Entry, Exit, Growth and Innovation Over the Product Life Cycle. The American Economic Review, June 1996.

［124］Syrquin, M. and H. B. Chenery (1989), Three Decades of Industrialization. The World Bank Economic Re2view, Vol. 3.

［125］Chenery, H. B. , H. Elkinton and C. Sims (1970), A Uniform Analysis of Development Patterns. Harvard University Center for International Affairs, Economic Development Report 148.

［126］Syrquin, M. (1998), Modern Economic (Endogenous) Growth and Development, in Coricelli, F. and others, New Theories in Growth and Development.

出　版　人　郑豪杰
责任编辑　王　瑞
版式设计　京久科创　郝晓红
责任校对　贾静芳
责任印制　叶小峰

图书在版编目（CIP）数据

中国互联网教育应用测评：方法、实践与展望/童莉莉等著. —北京：教育科学出版社，2023.3
ISBN 978-7-5191-3442-6

Ⅰ. ①中…　Ⅱ. ①童…　Ⅲ. ①网络教育–教育研究–中国　Ⅳ. ①G434

中国国家版本馆CIP数据核字（2023）第035009号

中国互联网教育应用测评：**方法、实践与展望**
ZHONGGUO HULIANWANG JIAOYU YINGYONG CEPING: FANGFA、SHIJIAN YU ZHANWANG

出版发行	教育科学出版社				
社　　址	北京·朝阳区安慧北里安园甲9号		邮　　编	100101	
总编室电话	010–64981290		编辑部电话	010–64981280	
出版部电话	010–64989487		市场部电话	010–64989009	
传　　真	010–64891796		网　　址	http://www.esph.com.cn	
经　　销	各地新华书店				
制　　作	北京京久科创文化有限公司				
印　　刷	保定市中画美凯印刷有限公司				
开　　本	720毫米×1020毫米　1/16		版　　次	2023年3月第1版	
印　　张	14.75		印　　次	2023年3月第1次印刷	
字　　数	225千		定　　价	65.00元	

图书出现印装质量问题，本社负责调换。